中国地质调查局
CHINA GEOLOGICAL SURVEY

中国—东盟国家矿业合作发展研究

刘书生　郭林楠　张　红
杨永飞　梁慧敏　吴松洋　主编

地质出版社
·北　京·

图书在版编目（CIP）数据

中国—东盟国家矿业合作发展研究. =China-ASEAN Mining Cooperation and Development Research : 汉文、英文对照 / 刘书生等主编. -- 北京 : 地质出版社, 2024.5

ISBN 978-7-116-14098-1

Ⅰ. ①中… Ⅱ. ①刘… Ⅲ. ①矿业－工业企业－中资企业－对外合作－研究报告－东南亚国家联盟－2023－汉、英 Ⅳ. ①F426.1

中国国家版本馆CIP数据核字（2024）第071052号

ZHONGGUO-DONGMENG GUOJIA KUANGYE HEZUO FAZHAN YANJIU

责任编辑：关会梅
责任校对：张　冬
出版发行：地质出版社
社址邮编：北京市海淀区学院路31号，100083
电　　话：（010）66554649（邮购部）；（010）66554626（编辑室）
网　　址：https://www.gph.clmpg.com
印　　刷：北京地大彩印有限公司
开　　本：889mm × 1194mm　1/16
印　　张：9.75
字　　数：350千字
版　　次：2024年5月北京第1版
印　　次：2024年5月北京第1次印刷
审 图 号：京审字（2024）G第1198号
定　　价：226.00元
书　　号：ISBN 978-7-116-14098-1

《中国—东盟国家矿业合作发展研究》
编 委 会

RCEP 加速东盟矿业发展

2020 年 11 月 15 日，东盟十国与中国、日本、韩国、澳大利亚以及新西兰正式签署《区域全面经济伙伴关系协定》（RCEP），代表着全球规模最大的自由贸易协定正式达成。2022 年 1 月 1 日，RCEP 正式生效，东盟成为全球经济发展最有活力和潜力的地区之一。矿业作为东盟国家经济发展的重要支柱之一，迎来快速发展的历史机遇。东盟加速适应 RCEP 新形势，制定《东盟矿业合作行动计划 2021—2025》，东盟矿业发展必将深刻影响全球资源治理体系。

一、RCEP 加快推进东盟经济区域一体化发展，东盟矿业经济迎来了新发展机遇

随着全球经济的回暖以及 RCEP 的签署，2021 年东盟经济同比增长 3.4%。RCEP 为区域经济一体化注入强劲动力，将进一步促进本地区产业链和价值链的融合，推动建立开放型区域经济一体化发展新格局。矿业作为东盟国家经济发展的重要产业之一，将分享 RCEP 带来的矿业投资和矿产品贸易自由化、便利化的红利，迎来新的发展机遇。

二、矿业是东盟经济发展的重要产业

东盟各国矿业发展水平总体较高，马来西亚、印度尼西亚、越南和老挝 2021 年矿业产值对 GDP 的贡献均高于 4%；文莱矿业产值相当于 GDP 的 38.3%，属于矿业较发达国家；新加坡是世界第三大炼油中心和石油贸易枢纽。*ASEAN*

Statistical Yearbook 2022 显示，2021 年东盟矿业吸引外国直接投资（FDI）达 35.5 亿美元，约占 FDI 总额的 2.0%，是区域经济发展的重要产业。

三、东盟镍、锡、铝土、钾盐、稀土等矿产资源丰富，为东盟矿业发展提供了坚实的资源基础

东盟国家镍储量 3221 万吨，占全球总储量的 34.2%，居全球第一位；锡储量为 71.8 万吨，约占全球的 22%；铝土矿储量达 59.8 亿吨，占全球的 39.1%；钾盐储量达 20.2 亿吨，占全球的 13.5%；稀土储量为 1195 万吨，占全球总储量的 8.4%。拥有亚洲第一、全球前十大铜矿之一——印度尼西亚格拉斯伯格铜矿（资源储量 3969 万吨）。

四、东盟镍、锡等矿产主导全球供应，在全球资源供应链中重要性凸显

2021 年，东盟国家镍产量 145 万吨，占全球总产量的 54%，其中，印度尼西亚、菲律宾是全球前两位镍生产国，镍产量分别为 104.3 万吨和 38.6 万吨，分别占全球总产量的 38.8% 和 14.4%。东盟国家锡产量 10 万吨，占全球总产量的 28.0%，印度尼西亚、缅甸锡产量分别为 6.0 万吨和 2.9 万吨，分列全球第二、三位。2021 年，东盟国家出口镍矿石 4338 万吨、镍铁 359 万吨，分别占全球出口总量的 93.6% 和 84.4%；出口锡及未加工锡 9.5 万吨，占全球出口总量的 44.2%。

五、东盟矿产勘查投入和采矿业投资止跌回升，金、铜、镍等矿业投资热度回暖

东盟固体矿产勘查投入自 2018 年的 1.4 亿美元低点逐步回升至 2022 年的 2.08 亿美元，主要集中于传统矿业大国印度尼西亚。2022 年，东盟金、铜、镍矿勘查投入分别为 1.18 亿美元、0.43 亿美元和 0.39 亿美元，占比分别为 56.98%、20.67%

和8.30%，投资金额较往年总体保持平稳。中小型矿业公司在本区域勘探投入较高，占比59.55%；生产阶段的矿山勘查投入1.28亿美元，占比60.03%，草根勘查投入相对较少。

六、《东盟矿业合作行动计划2021—2025》打造东盟成为全球矿业投资目的地

东盟投资环境改善趋势明显，本土化和社会责任是新矿业政策的主要特征。东盟制定了《东盟矿业合作行动计划2021—2025》，为东盟矿业可持续发展提供顶层设计，推动矿业数据化、信息化发展。印度尼西亚、马来西亚、菲律宾等东盟资源国家矿业政策在新冠肺炎疫情中逐渐放宽，加大了对矿产资源勘查、开发和矿产品出口力度。当前，一些国家对矿产资源供应链和价值链本土化要求越来越高，东盟各国也纷纷在其新矿业法规政策中鼓励当地企业投资矿业下游产业，以促进矿业产业链的本土化。

七、中资矿业企业积极参与东盟国家矿业投资合作，为东盟经济社会发展做出积极贡献

已有161家中资企业在东盟国家开展矿业投资合作，主要从事镍、铝土、钾盐、铜、金等矿产的勘探、开采、冶炼等活动。2022年，中国—东盟双边贸易额达到9753亿美元，增长11.2%，再创历史新高。其中，2022年出口5672.9亿美元，增长17.7%；进口4080.5亿美元，增长3.3%。2021年，中国对东盟直接投资达到138亿美元。中资矿业企业为当地提供了大量就业岗位与税收，积极履行环境保护、公益事业等社会责任，支持当地抗击新冠肺炎疫情，促进东盟经济可持续发展。

八、中国—东盟矿业合作前景广阔

中国—东盟矿产勘查合作不断深化，为区域矿业发展提供了坚实的资源基础；RCEP 和《东盟矿业合作行动计划 2021—2025》为中国—东盟矿业合作发展提供了政策依据；矿业投资准入和矿产品出口政策放松、基础设施不断完善，提供了良好的矿业投资环境。中国—东盟应以和平合作、开放包容、互学互鉴、互利共赢为核心，深化产能合作，打造优势互补的矿业全产业链，构建绿色低碳矿业发展合作新模式，建立中国—东盟矿业合作发展命运共同体。

展望未来，RCEP 为区域发展注入了强劲的生机和活力，必将促进东盟矿业快速发展。从短期看，随着全球新冠肺炎疫情结束，各国经济复苏需求迫切，东盟作为全球矿产资源主要供给地之一，正在采取积极措施加大矿产资源勘查开发，吸引国际矿业投资，利用 RCEP 红利促进矿产品贸易，助力经济快速复苏和社会稳定。从中长期看，东盟矿业发展将迈入 RCEP 带来的重大利好机遇期，主要资源大国一方面加快将过去重点投入原矿开采向投入矿产品深加工转变，提高矿产品附加值，重构区域矿业供应链、产业链；另一方面注重绿色低碳矿业开发合作，强调资源与环境并重，积极推进矿产资源可持续发展。

编委会

2023 年 12 月

目 录

1 东盟经济发展概况

东南亚国家联盟（Association of Southeast Asian Nations），简称东盟（ASEAN），1967年8月8日成立于泰国首都曼谷，现有10个成员国，分别为文莱、柬埔寨、印度尼西亚（印尼）、老挝、马来西亚、缅甸、菲律宾、新加坡、泰国、越南。东盟设立秘书处来协调东盟成员国政府间的计划和行动，总部设在印度尼西亚首都雅加达。

东盟位于通往亚洲、大洋洲以及太平洋与印度洋的“十字路口”，总面积约449万平方千米，人口6.64亿人。东盟先后与中国、韩国、日本等6个国家建立了自由贸易区，中国、日本、韩国、印度、俄罗斯、澳大利亚、新西兰、美国等国家先后加入了《东南亚友好合作条约》，建立了围绕东盟的“10+1”“10+3”“10+8”机制。数十年来，东盟经济一直保持着快速发展的趋势，成为当今全球经济发展最有活力和潜力的地区之一。

1.1 东盟为全球第五大经济体

2019年，东盟跃升为全球第五大经济体，GDP达3.2万亿美元，占全球经济的份额为3.6%。2021年，东盟经济增长3.4%，GDP达3.3万亿美元；商品贸易总额达3.3万亿美元，一些在新冠肺炎疫情中的关键需求产品贸易额实现增长；吸收外商直接投资1792亿美元，马来西亚、菲律宾、泰国等国家吸收投资取得显著增长。2022年基本恢复到新冠肺炎疫情前水平，东盟在贸易投资方面拥有巨大潜力。

1.1.1 东盟地区经济区域一体化发展，市场潜力巨大

1.1.1.1 东盟经济稳定增长，为全球经济发展做出重要贡献

据*ASEAN Statistical Yearbook 2022*数据，2015—2019年，东盟GDP（美元现价，下同）由约2.5万亿美元增长至约3.2万亿美元，年均增长5.1%（图1.1），成为全球第五大经济体，占全球经济份额由3.3%上升为3.6%。2020年，受新冠肺炎疫情冲击，东盟国家经济增

长率呈现不同程度下降，整体经济同比收缩 3.2%，但仍以 3 万亿美元的体量保持为全球第五大经济体（表 1.1）。2021 年，因全球新冠肺炎疫情缓和，东盟整体经济增长 3.4%，较 2020 年大幅回升。整体来看，除了旅游等少数产业仍未实现完全复苏外，包括金融、制造、建筑、信息、采矿在内的诸多产业在 2022 年都获得了较快发展。

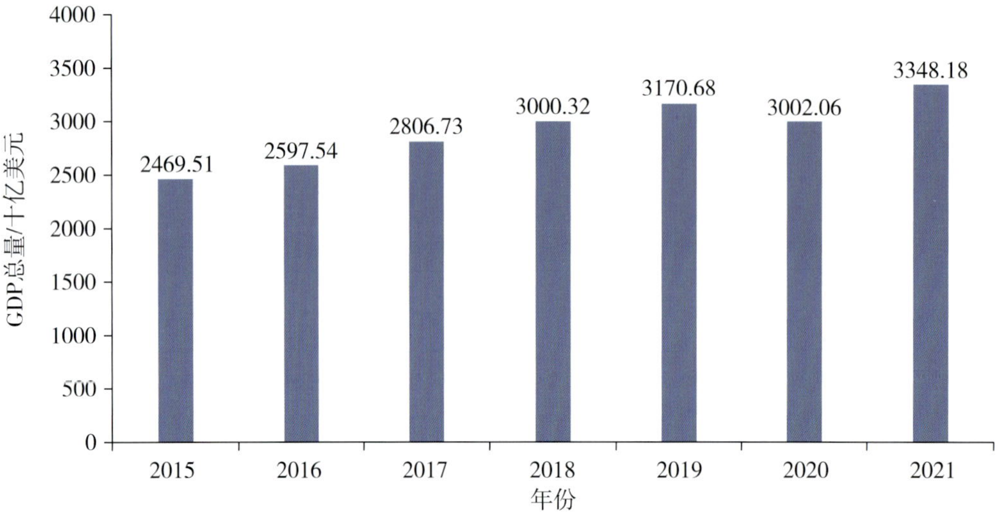

图 1.1　2015—2021 年东盟 GDP 变化趋势（美元现价）

数据来源：*ASEAN Statistical Yearbook 2022*

表 1.1　东盟各国 2015—2021 年度 GDP

国家	2015 年	2016 年	2017 年	2018 年	2019 年	2020 年	2021 年
文莱	12.79	11.41	12.14	13.56	13.51	12.00	13.92
柬埔寨	18.09	19.43	22.25	24.61	27.10	25.96	27.16
印度尼西亚	854.95	930.54	1014.09	1040.05	1121.14	1059.15	1185.78
老挝	14.42	15.89	16.95	18.10	18.67	19.04	19.64
马来西亚	298.72	298.97	321.38	358.36	364.52	337.62	372.77
缅甸	59.80	64.63	67.27	76.33	66.50	70.17	72.86
菲律宾	306.47	318.64	328.83	344.89	376.79	361.52	393.61
新加坡	309.08	319.18	343.42	376.66	376.63	345.22	394.58
泰国	401.27	413.32	456.35	506.61	544.04	499.58	505.89
越南	193.93	205.52	224.04	241.16	261.78	271.80	361.96
总量	2469.51	2597.54	2806.73	3000.32	3170.68	3002.06	3348.18

注：数据来源为 *ASEAN Statistical Yearbook 2022*。美元现价；单位：十亿美元。

1.1.1.2 东盟是全球投资热点地区，外国直接投资（FDI）全球占比上升

据《2020—2021 东盟投资报告》，2019 年流入东盟的外国直接投资达到最高水平，为 1820 亿美元，使东盟成为外国直接投资最大的发展中地区。2020 年，受新冠肺炎疫情影响，外国直接投资下降到 1370 亿美元，但与全球外国直接投资水平下降相比，东盟的表现仍然略好，其在全球外国直接投资中所占份额从 2019 年的 11.9 % 上升到 2020 年的 13.7%。据 *ASEAN Key Figures 2022*，2021 年东盟的外国直接投资流入量同比增长 46.6%，达 1792 亿美元，基本回到新冠肺炎疫情前的水平，显示出东盟强劲的投资韧性，投资复苏强劲主要得益于该地区高活力的创业生态系统。

从投资来源地看，2021 年，美国、欧盟、中国、日本和东盟内部是该地区的主要投资者（图 1.2），前五大来源占东盟外国直接投资流入总量的 65%。美国是东盟第一大投资来源国，投资额达 402 亿美元，占东盟外国直接投资流入总额的 22.5%；其次是欧盟，占 14.8%（265 亿美元）。来自东盟地区内部的外来直接投资为 235 亿美元，占东盟外国直接投资流入总量的 13.1%；中国和日本分别占 7.7% 和 6.6%，分别排名第四和第五位。

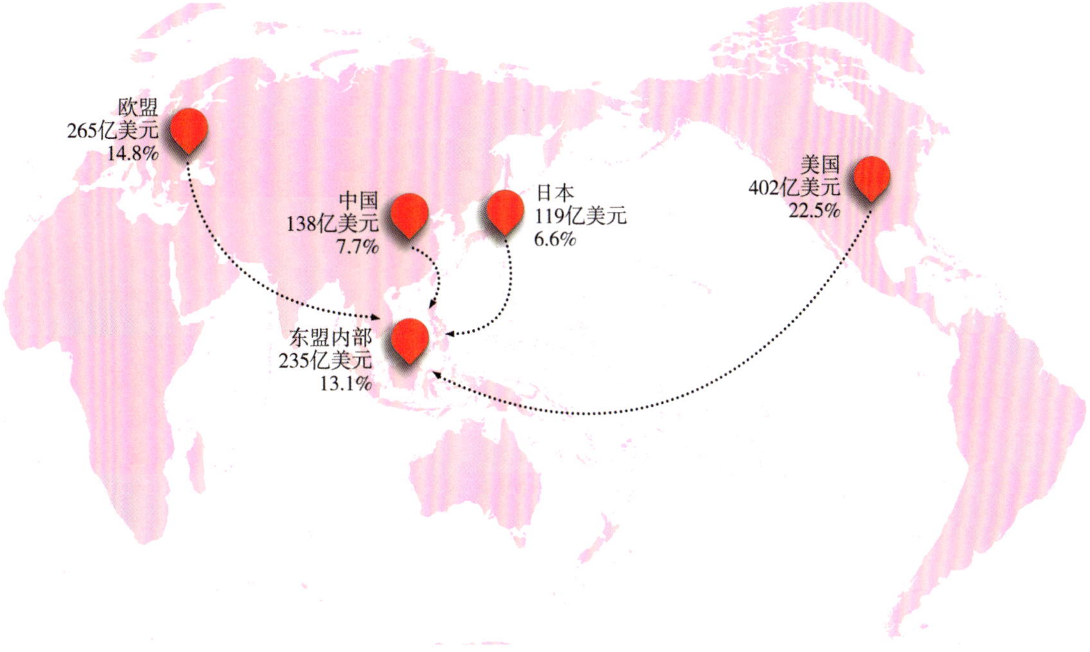

图 1.2 2021 年东盟主要直接投资（FDI）来源国家 / 地区

数据来源：*ASEAN Key Figures 2022*

1.1.1.3　东盟国家经济发展阶段不同，产业结构差异明显

最新数据显示，新加坡人均 GDP 超过 7.2 万美元，位居东盟第一位，以服务业为重点发展产业（图 1.3），其年产值占 GDP 比例达到 86.4%，拥有全球最大的燃油供应港口、全球第三大炼油中心、东南亚最大的修造船基地。文莱凭借其优势的石油和天然气产业，人均 GDP 为 3.2 万美元，为东盟第二位。马来西亚、菲律宾产业结构相近，特色优势行业包括服务业（占比 60% 左右）、旅游业、制造业等。泰国和印度尼西亚市场化程度高、金融市场开放，服务业、农业、工业制造、旅游业为特色优势产业，人均 GDP 分别排名东盟第四、五位。柬埔寨、老挝、缅甸、越南等国家经济正快速发展，服务业产值比例降低，农业产值明显增高，人均 GDP 在东盟排名靠后。

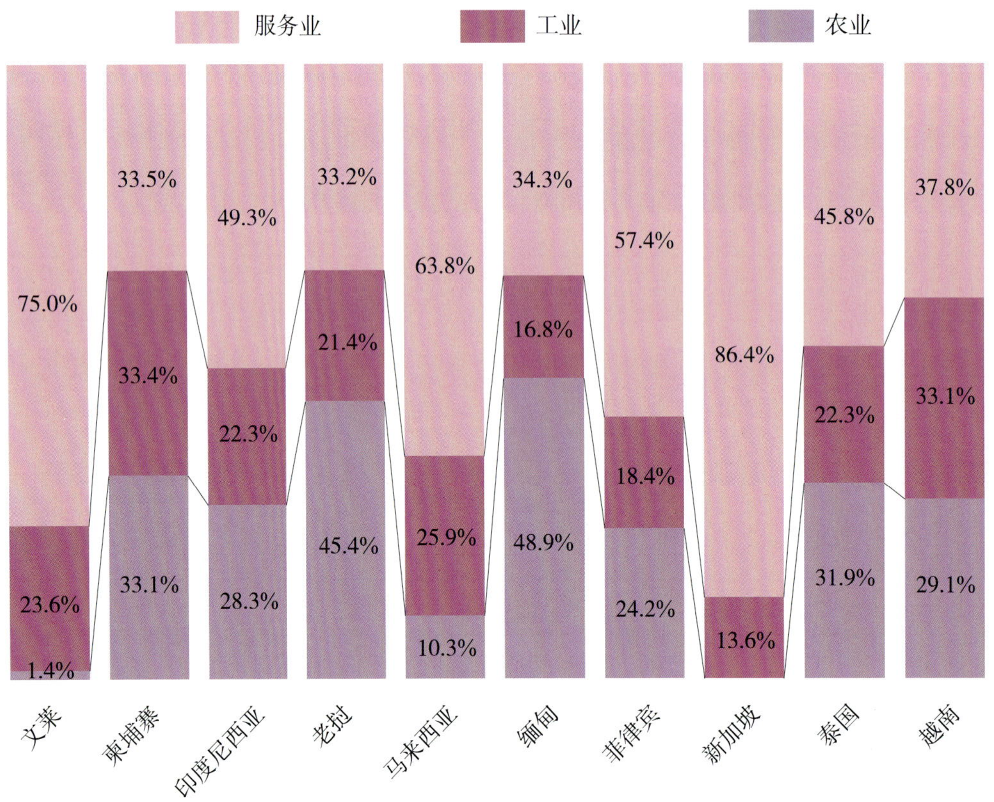

图 1.3　2021 年东盟国家主要产业 GDP 占比

数据来源：*ASEAN Key Figures 2022*

1.1.1.4　东盟资源丰富、劳动力充沛，经济发展潜力巨大

东盟各国在未来的经济发展和产业规划中，将经济增长、制造业发展和对外开放摆

在重要的位置，对东盟未来在全球产业链上发挥更为重要的作用构建了基础，显示了巨大的发展潜力。东盟地理位置优越，控制了著名的“黄金航道”——马六甲海峡，形成了以新加坡为代表的众多沿海港口城市；拥有丰富的海洋与生物资源，镍、锡、铝土、钾盐、铜等矿产资源颇为丰富，还拥有橡胶、油棕、椰子、蕉麻等经济作物和水稻等农作物。东盟人力资源丰富，2022 年其人口年龄中位数小于 30 岁，人口结构以中青年为主，将带来持续的劳动力增长，对东盟未来的发展将有巨大的推动作用。此外，东盟的互联网渗透率为 66%，高出全球平均水平 7 个百分点；社交媒体渗透率为 63%，高出全球平均水平 14 个百分点；数字经济等新兴行业正快速发展。

1.1.2 东盟与中国互为第一大贸易伙伴，经济互补性强

1.1.2.1 中国与东盟建立了全面战略伙伴关系，携手共建中国—东盟命运共同体

2021 年，在中国—东盟建立对话伙伴关系 30 周年之际，中国与东盟宣布建立全面战略伙伴关系。双方以共建“一带一路”为契机，高效推动区域一体化进程发展，在《中国—东盟战略伙伴关系 2030 年愿景》框架下，“一带一路”倡议与《东盟互联互通总体规划 2025》对接愈加紧密，在基础设施建设、数字创新、物流、进出口管理和人员流动 5 个战略领域加强合作，推动中国—东盟经贸合作不断迈上新台阶，构建更为紧密的中国—东盟命运共同体。

1.1.2.2 东盟与中国双边贸易增势强劲，产业链、供应链、价值链深度融合

自 2009 年以来，中国连续 14 年保持东盟第一大贸易伙伴地位。2020 年，东盟与中国双边贸易额达到 6852.5 亿美元，跃升为中国第一大贸易伙伴。2021 年，东盟与中国双边贸易额达 8782.1 亿美元，同比增长 28.1%；其中，中国对东盟出口 4836.9 亿美元，同比增长 26.1%；中国自东盟进口 3945.1 亿美元，同比增长 30.8%。中国占东盟商品出口贸易份额的 23.4%（图 1.4），占东盟商品进口贸易份额的 24.4%（图 1.5）。

2022 年，东盟与中国双边贸易额达 9747 亿美元（图 1.6），同比增长 10.9%，保持与中国的最大贸易合作伙伴关系；中国自东盟进口贸易额 4081 亿美元，对东盟出口贸易额 5666 亿美元，再创历史新高。

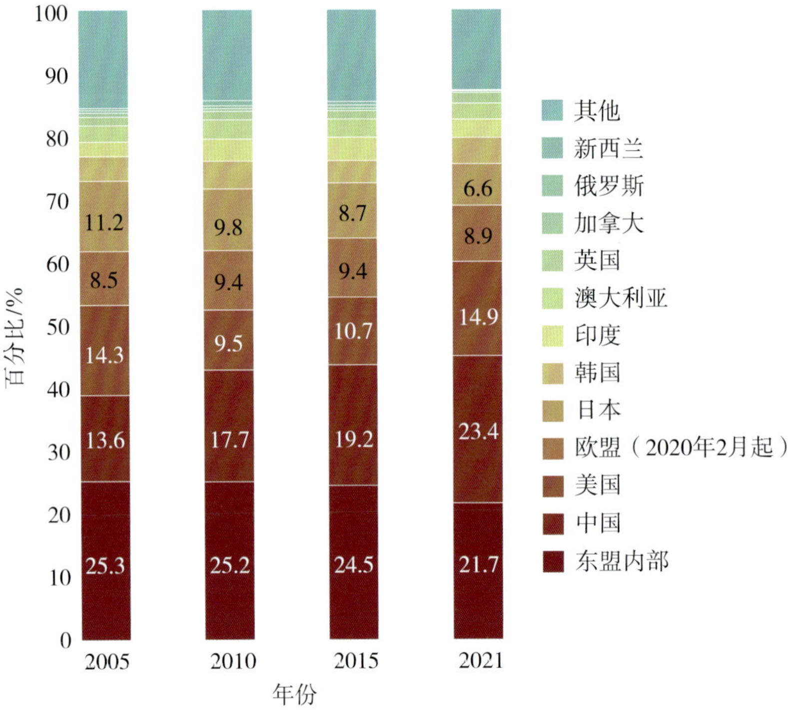

图 1.4　2005—2021 年东盟主要贸易伙伴商品出口份额

数据来源：*ASEAN Key Figures 2022*

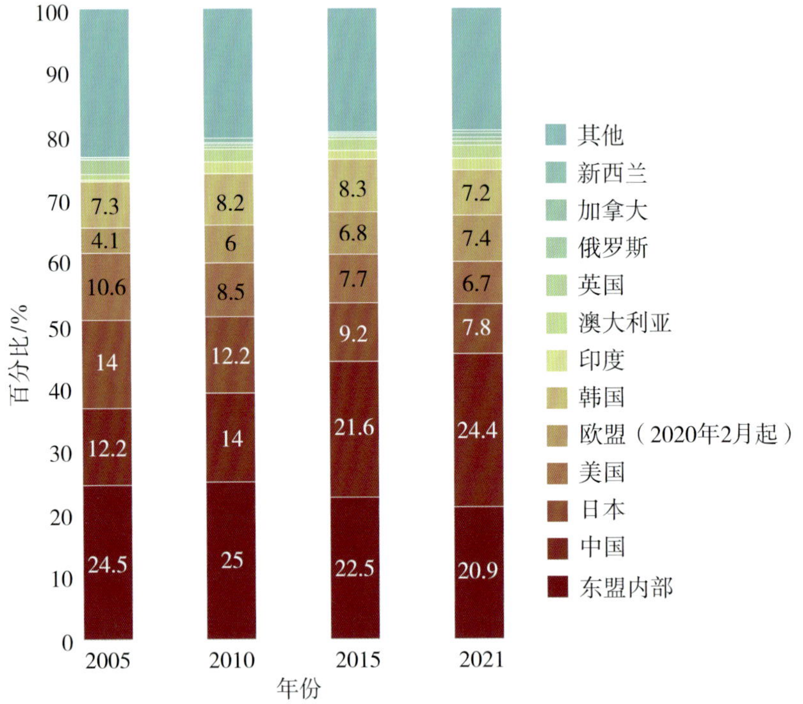

图 1.5　2005—2021 年东盟主要贸易伙伴商品进口份额

数据来源：*ASEAN Key Figures 2022*

双方贸易由传统农副产品、初加工产品和低附加值工业品不断向工业制成品、高附加值机电产品、机械器具和数字化机械设备转型升级，在国际产业链、供应链分工中充分发挥各自比较优势，实现产业链、供应链、价值链深度融合，为双方经济增长和产业合作注入持久动力。

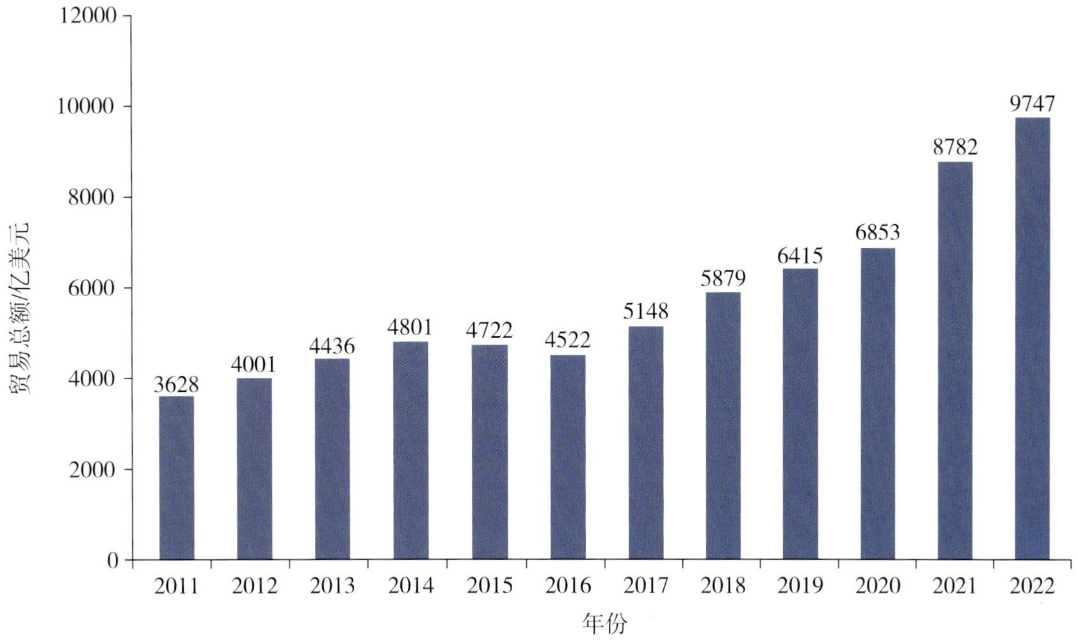

图 1.6　2011—2022 年中国—东盟双边贸易总额

数据来源：中国海关总署

1.1.2.3　中国与东盟双向投资蓬勃发展，互联互通合作不断深化

截至 2022 年底，中国与东盟累计双向投资总额超过 3400 亿美元，呈现逐年增长趋势。中国—东盟自贸区是中国对外商建的第一个自贸区，也是发展中国家间最大的自贸区。中国企业在泰国、印度尼西亚、越南等国合作设立的经贸合作区为促进当地产业发展发挥了重要作用，中国—新加坡苏州工业园和中马、中国—印度尼西亚“两国双园”等也成为合作标杆。共同推进和建成了一批铁路、公路、港口、机场、桥梁、电网等基础设施项目，如中老铁路开通运营，中新共建国际陆海贸易新通道成效显著。在中国政府和柬埔寨政府共同努力下，柬埔寨通信基础设施建设等一大批合作项目落地见效。

1.2 矿业是东盟经济发展重要产业

东盟各国矿业发展不均衡。文莱 2021 年矿业产值相当于本国 GDP 的 38.29%，石油、天然气产业是文莱支柱产业；马来西亚、印度尼西亚、越南和老挝 2021 年矿业产值分别相当于本国 GDP 的 5.61%、4.62%、4.49% 和 4.57%。泰国、菲律宾、柬埔寨矿业经济所占比重相对较小，矿业产值相当于本国 GDP 的 1% 左右（表 1.2）。

表 1.2 东盟国家 2021 年矿业产值和 GDP

国家	矿业产值 / 亿美元	GDP/ 亿美元	矿业产值占比 /%
文莱	53.6	140.0	38.29
柬埔寨	2.963	269.6	1.10
印度尼西亚	548	11860.9	4.62
老挝	8.6	188.3	4.57
马来西亚	209.2	3727	5.61
缅甸	—	650.9	—
菲律宾	25.2	3940.9	0.64
新加坡	—	3969.9	—
泰国	54.9	5059.8	1.09
越南	164.4	3660	4.49

注：数据来源为 Trading Economic，世界银行。

东盟各国矿业产业链建设参差不齐。印度尼西亚、马来西亚正大力布局矿业全产业链，镍、铝土、锡等矿产的开采、冶炼、加工产业比较完善。越南、老挝、缅甸矿业开发以矿产开采为主，中下游产业链有待完善。新加坡大力发展油气冶炼加工等中下游产业，为全球第三大炼油中心、全球石油贸易枢纽和亚洲石油产品定价中心。

矿业是东盟国家吸引外国直接投资主要行业之一。据 *ASEAN Statistical Yearbook 2022*，2021 年，东盟矿业吸引外国直接投资达 35.5 亿美元，约占投资总额的 2.0%，排名世界第十位。

2 东盟矿产资源概况

东盟所在的东南亚地区位于全球特提斯成矿域、环太平洋成矿域与印度 – 澳大利亚成矿域的交汇地带，矿产资源丰富。目前已发现的矿产达 100 余种，矿产地约 1200 余处，主要矿种涵盖煤、石油、天然气、铁、铜、铝土、铅、锌、钨、锡、钴、镍、金、银、钾盐、锑、铬、钛、锰、铀、矾土等。

镍、锡、铝土、钾盐在全球占有优势地位。东盟国家镍储量 3221 万吨，占全球总储量的 34.2%，居全球第一位；锡储量为 71.8 万吨，约占全球的 22%；铝土矿储量达 59.8 亿吨，占全球的 39.1%；钾盐储量达 20.2 亿吨，占全球的 13.5%。

稀土资源潜力巨大。东盟国家稀土储量和资源量分别为 1195 万吨和 1206 万吨，分别占全球总量的 8.4% 和 5.0%。近年来勘探成果表明，离子吸附型稀土矿潜力巨大。

铜、金分布相对集中，拥有世界级大矿。东盟国家铜矿和金矿大多伴生，铜矿储量约 3096.4 万吨，约占全球总量的 3.5%；金矿资源量 10248 吨，约占全球总量的 5.4%。拥有亚洲第一、全球前十大铜矿印度尼西亚格拉斯伯格铜矿（资源储量 3969 万吨）和缅甸蒙育瓦铜矿（资源储量 700 万吨）等世界级矿床。

2.1 东盟地区成矿条件优越，划分 21 个三级成矿带

东盟国家在地理位置上与中国西南地区相连，位于全球特提斯成矿域、环太平洋成矿域与印度 – 澳大利亚成矿域的交汇地带，是现今地壳运动最活跃的地区之一。该区域经历了晚古生代—中生代特提斯构造演化和新生代大陆碰撞造山的叠加，形成了多期次、多方向的沟 – 弧 – 盆体系的构造格局。自古生代起，相继从冈瓦纳大陆北西边缘裂解分离出东羌塘（昌都）– 思茅 – 印支板块、西羌塘 – 滇缅马地块和拉萨 – 西缅地块，并伴随着古特提斯洋的闭合、中特提斯洋和新特提斯洋的打开与闭合，随着洋壳的俯冲、弧陆碰撞

和陆陆碰撞，这些地块于中生代逐渐增生拼贴于欧亚大陆的南缘，形成了多条火山弧带、蛇绿混杂带以及同碰撞和后碰撞岩浆岩带。复杂的构造演化也赋予了东南亚地区丰富的矿产资源，根据区域构造演化、成矿规律、矿产分布特征，将东南亚地区划分为特提斯成矿域、环太平洋成矿域与印度－澳大利亚成矿域共 3 个一级成矿域，并进一步划分为 6 个二级成矿省及 21 个三级成矿带（表 2.1；图 2.1）。

表 2.1　东南亚地区成矿单元划分

一级成矿域	二级成矿省	三级成矿带
I 特提斯成矿域	I-1 缅甸－苏门答腊成矿省	I-1-1 印缅山脉铬镍成矿带
		I-1-2 西缅金铜成矿带
		I-1-3 苏门答腊－爪哇铜金铅锌成矿带
		I-1-4 道茂－密支那铬镍金铂成矿带
		I-1-5 德林达伊－普吉－勿里洞钨锡锑成矿带
		I-1-6 掸泰铅锌银金锑铁成矿带
		I-1-7 清迈－马来西亚半岛钨锡锰铜铅锌锑金铁铝成矿带
	I-2 印支成矿省	I-2-1 琅南塔－庄他武里金锑铜成矿带
		I-2-2 琅勃拉邦－黎府铜金锑铁铅锌铝钾盐成矿带
		I-2-3 万象－昆嵩钾铝铜金铅锌成矿带
		I-2-4 长山铜铁钨锡铅锌金成矿带
	I-3 加里曼丹成矿省	I-3-1 北加里曼丹－巴拉望铜铬镍金铝成矿带
		I-3-2 中加里曼丹金铜铅锌成矿带
		I-3-3 美拉土斯镍金成矿带
II 环太平洋成矿域	II-1 扬子成矿省	II-1-1 红河铁铜铬镍金铅锌锑成矿带
		II-1-2 扬子陆块东南缘锡钨铝锰铁锑金铅锌成矿带
	II-2 吕宋－苏拉威西成矿省	II-2-1 吕宋－棉兰老岛铜金镍铬铁成矿带
		II-2-2 万鸦老－乌戎潘当金铜成矿带
		II-2-3 苏拉威西镍成矿带
		II-2-4 马鲁古－查亚普拉镍铜成矿带
III 印度－澳大利亚成矿域	III-1 新几内亚成矿省	III-1-1 南新几内亚铜金铅锌成矿带

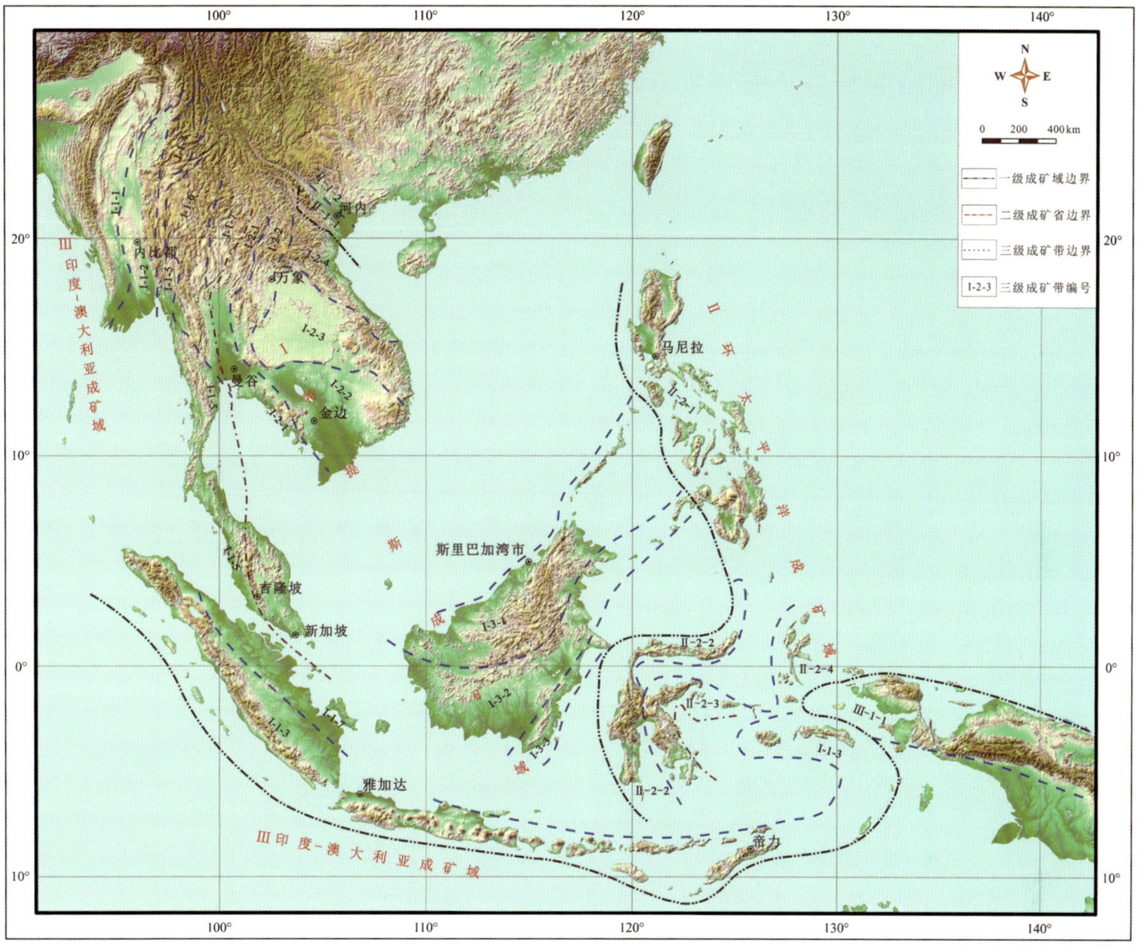

图 2.1　东南亚成矿区带简图

2.2　镍资源储量全球第一，主要分布在印度尼西亚和菲律宾

东盟是全球红土型镍矿资源最丰富的地区之一，储量和产量均居全球第一位。全区镍储量 3221 万吨（2022 年），占全球 9414 万吨总储量的 34.2%，主要分布在印度尼西亚、菲律宾、缅甸等国家（图 2.2）。

据不完全统计（表 2.2），印度尼西亚开展了 99 个镍矿项目的勘探开发工作，储量和资源量均位居全球第一。其中，储量为 2540 万吨，占全球镍储量的 27.0%（图 2.3），占东盟储量的 78.9%；资源量为 6276 万吨，占全球镍资源量的 22.4%，占东盟资源量的 66.7%。

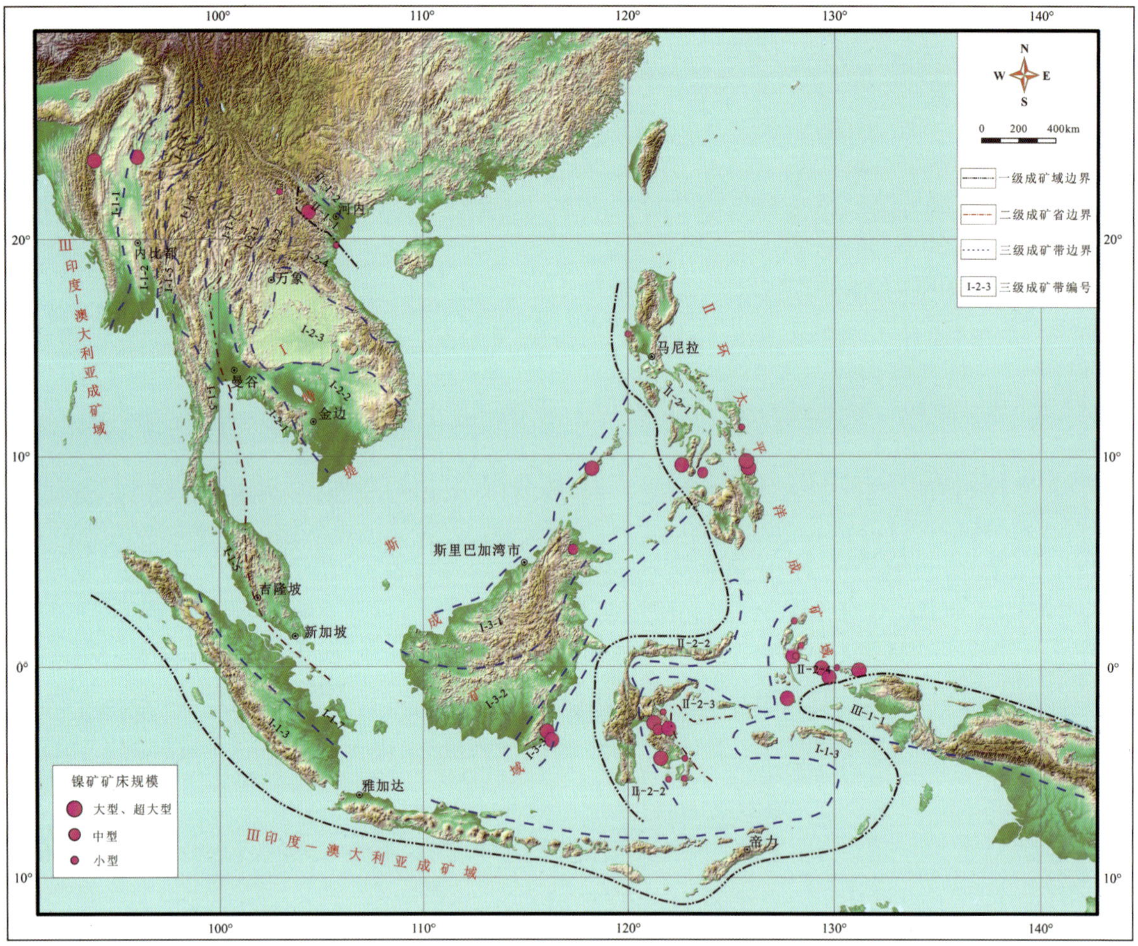

图 2.2 东盟国家镍矿分布简图

表 2.2 东盟主要镍资源国储量和资源量

国家	储量 / 万吨	东盟占比 /%	资源量 / 万吨	东盟占比 /%
印度尼西亚	2540	78.9	6276	66.7
菲律宾	611	19.0	3136	33.3
缅甸	70	2.2	—	—
总计	3221	100	9412	100

注：数据来源为中国地质调查局、《全球矿产资源储量评估报告 2023》；数据截至 2022 年底。

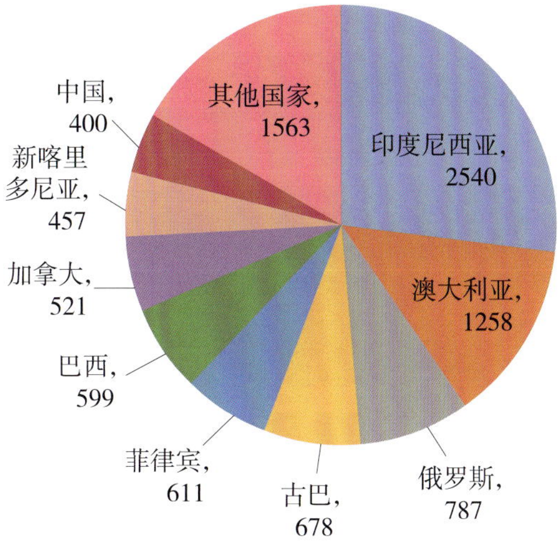

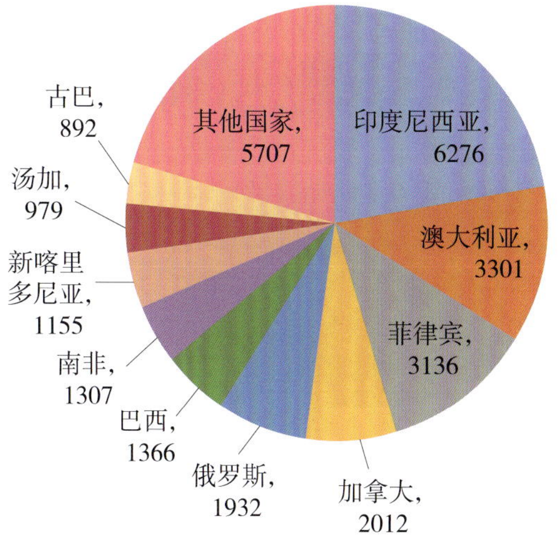

图 2.3　全球主要镍资源国储量（左）和资源量（右）

单位：万吨；数据截至 2022 年底

菲律宾开展了 24 个镍矿项目的勘探工作，储量为 611 万吨，占东盟镍储量的 19.0%；资源量为 3136 万吨，占东盟镍资源量的 33.3%。

缅甸有 1 座镍矿山运营，储量为 70 万吨，占东盟镍储量的 2.2%。

印度尼西亚、菲律宾红土型镍矿主要由蛇绿岩带内的斜方辉橄榄岩、纯橄榄岩、蛇纹岩、辉长岩、辉绿岩等基性—超基性岩风化形成，具有矿床规模大、埋藏浅、产状简单等特征，资源潜力巨大。

2.3　锡资源储量约占全球 1/5，但保有储量连年降低

截至 2022 年底，东盟国家锡储量达 71.8 万吨，资源量达 111.7 万吨，分别约占全球的 22% 和 11%，其中砂锡矿约占总资源的 80%。印度尼西亚、马来西亚、缅甸是主要的锡资源国，老挝、泰国、越南也拥有部分锡资源（图 2.4；表 2.3）。

印度尼西亚是东盟锡资源最多的国家，储量为 29.7 万吨，占全球锡储量的 9.1%，仅次于中国、巴西、俄罗斯和澳大利亚，居全球第五位（图 2.5）；资源量为 56.0 万吨，占全球锡资源量的 5.6%。印度尼西亚锡储量和资源量分别占东盟国家的 41.4% 和 50.1%，矿床类型以滨海砂锡矿为主（储量约 20 万吨），其次为锡石–石英脉型的原生锡矿（储量近 10 万吨）。

表 2.3　东盟主要锡资源国储量和资源量

国家	储量 / 万吨	东盟占比 /%	资源量 / 万吨	东盟占比 /%
印度尼西亚	29.7	41.4	56.0	50.1
马来西亚	25.0	34.8	25.0	22.4
缅甸	11.4	15.9	11.4	10.2
老挝	4.6	6.4	8.1	7.3
越南	1.1	1.4	4.8	4.3
泰国	—	—	6.4	5.7
总计	71.8	100	111.7	100

注：数据来源为中国地质调查局、《全球矿产资源储量评估报告 2023》和国际锡矿协会数据（2021）。

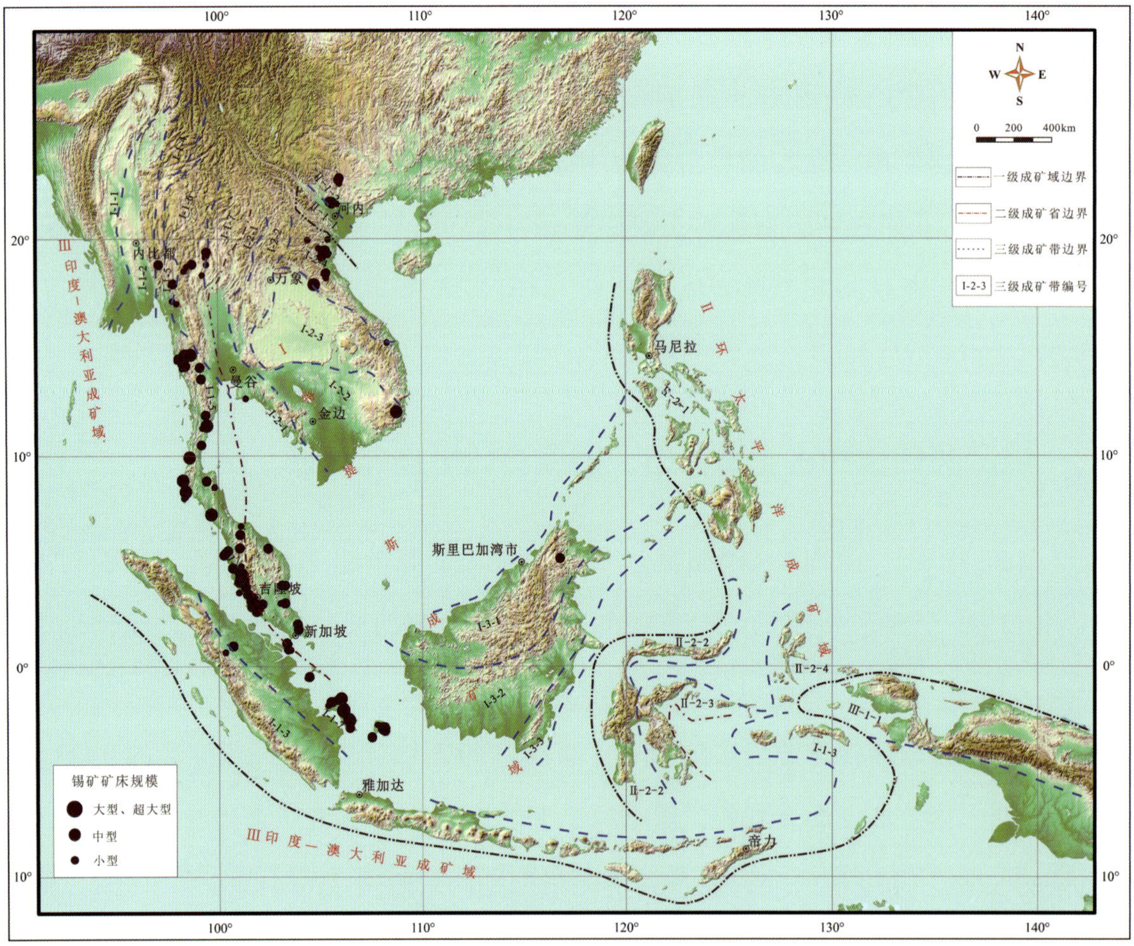

图 2.4　东盟国家锡矿分布图

马来西亚锡储量为25.0万吨，占东盟锡储量的34.8%，占全球锡储量的7.6%，居全球第七位（图2.5）。然而，近十年来资源快速消耗，锡储量由2006年的100万吨下降至2022年的25.0万吨，资源储备降低的趋势十分明显。

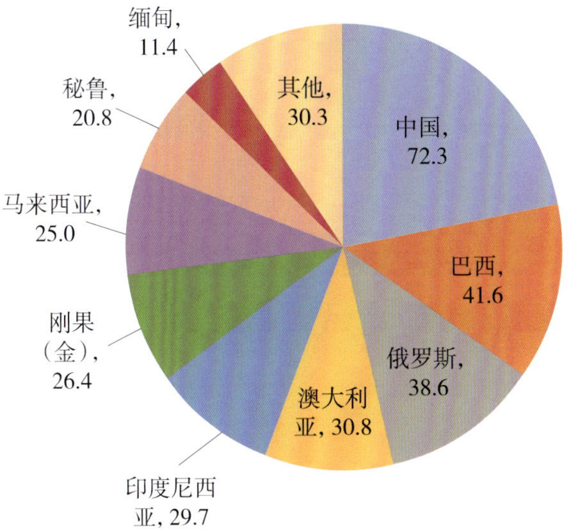

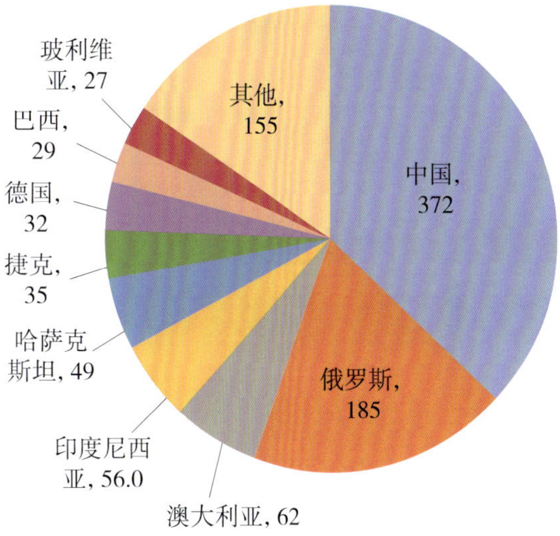

图2.5 全球主要锡资源国储量（左）和资源量（右）

单位：万吨

缅甸锡储量为11.4万吨，居东盟第三位，占比为15.9%。但由于全国最大的曼相锡矿开采从地上转入地下，锡保有储量下降，品位也从10%~20%下降到1%～2%。

老挝锡储量为4.6万吨，占整个东盟锡储量的6.4%，集中分布于中部甘蒙省南巴坦锡矿区，拥有50多个锡矿点和众多小型开采矿山，是老挝最重要的锡矿产地。

泰国和越南两国虽有锡矿分布，但资源相对较少，共计储量1.1万吨，资源量11.2万吨。

2.4 铝土矿储量占全球39%，主要分布在印度尼西亚和越南

东盟国家铝土矿资源丰富，以红土型铝土矿床为主，矿石品质较好。已探明铝土矿储量达59.8亿吨，占全球总储量153亿吨的39.1%，主要分布于印度尼西亚和越南（图2.6；表2.4），老挝、菲律宾、马来西亚等国家也有少量分布。

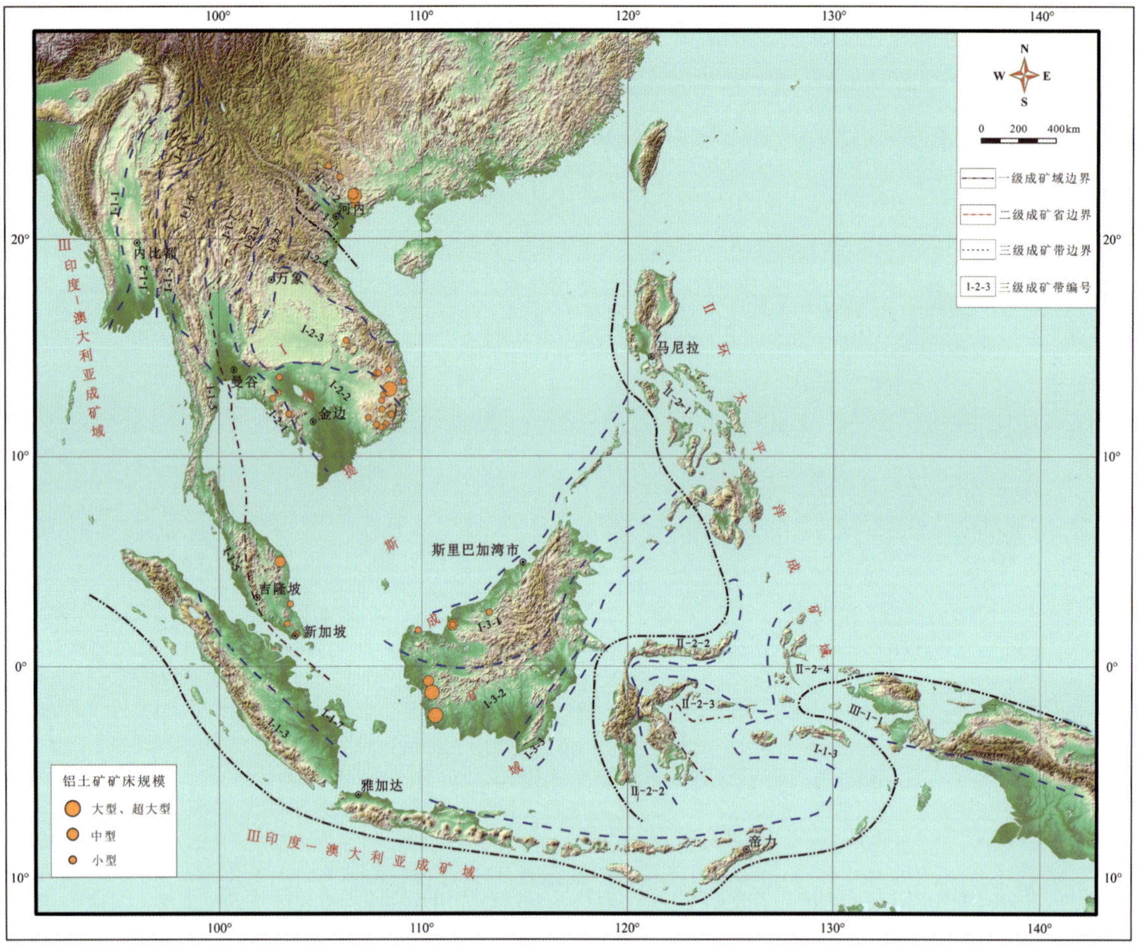

图 2.6 东盟国家铝土矿分布图

表 2.4 东盟主要铝土资源国储量和资源量

国家	储量 / 亿吨	东盟占比 /%	资源量 / 亿吨	东盟占比 /%
印度尼西亚	29.6	49.6	54.8	88.4
越南	24.9	41.6	—	—
老挝	3.87	6.5	—	—
菲律宾	0.73	1.2	3.6	5.8
马来西亚	0.67	1.1	—	—
柬埔寨	—	—	3.6	5.7
总计	59.8	100	61.9	100

注：数据来源为中国地质调查局、《全球矿产资源储量评估报告 2023》和矿业公司公开资料。

印度尼西亚铝土矿储量达 29.6 亿吨，约占东盟国家铝土矿储量的 49.6%，占全球铝土矿储量的 19.3%，居全球第一位；资源量 54.8 亿吨，占全球铝土矿资源量的 12.7%，居全球第二位（图 2.7）。越南铝土矿储量为 24.9 亿吨，占东盟国家铝土矿储量的 41.6%，占全球铝土矿储量的 16.3%，仅次于印度尼西亚和巴西，居全球第三位（图 2.7）。老挝、菲律宾和马来西亚的铝土矿储量分别为 3.87 亿吨、0.73 亿吨和 0.67 亿吨，分别占东盟国家铝土矿储量的 6.5%、1.2% 和 1.1%。柬埔寨已开展铝土矿勘查工作，虽还没有储量数据披露，但资源潜力较大。

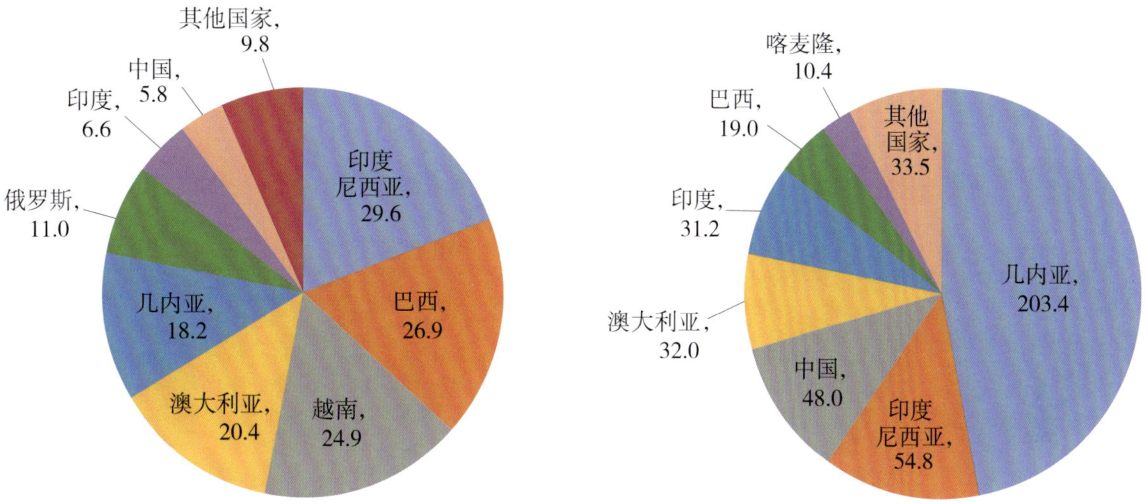

图 2.7　全球主要铝土矿资源国储量（左）和资源量（右）

单位：亿吨

越南南部中央高原、老挝南部波罗芬高原和柬埔寨东部上川垅高原一带是本区最主要的铝土矿矿集区，印度尼西亚铝土矿则集中于西加里曼丹岛。这些地区铝土矿为红土型三水铝石型铝土矿，平均品位为 38%~59%，矿石铝硅比高（A/S：8~24），贮藏集中，埋深浅，可露天开采，适合采用低成本拜耳法生产氧化铝。越南北部地区还分布少量硬水铝石型铝土矿，开采冶炼成本相对较高。

2.5　钾盐集中于泰国 – 老挝盆地，远景资源量巨大

东盟钾盐集中产出于泰国东北部至老挝中部一带的呵叻盆地和沙空那空盆地内

（图 2.8）。截至 2022 年，东盟钾盐储量和资源量分别为 20.2 亿吨和 58.0 亿吨（KCl，下同）（表 2.5），分别占全球的 13.5% 和 8.4%。其中：老挝已探明钾盐储量为 18.6 亿吨，资源量为 52.4 亿吨，居全球第四位（图 2.9）。泰国已探明钾盐储量为 1.58 亿吨，资源量为 5.6 亿吨。

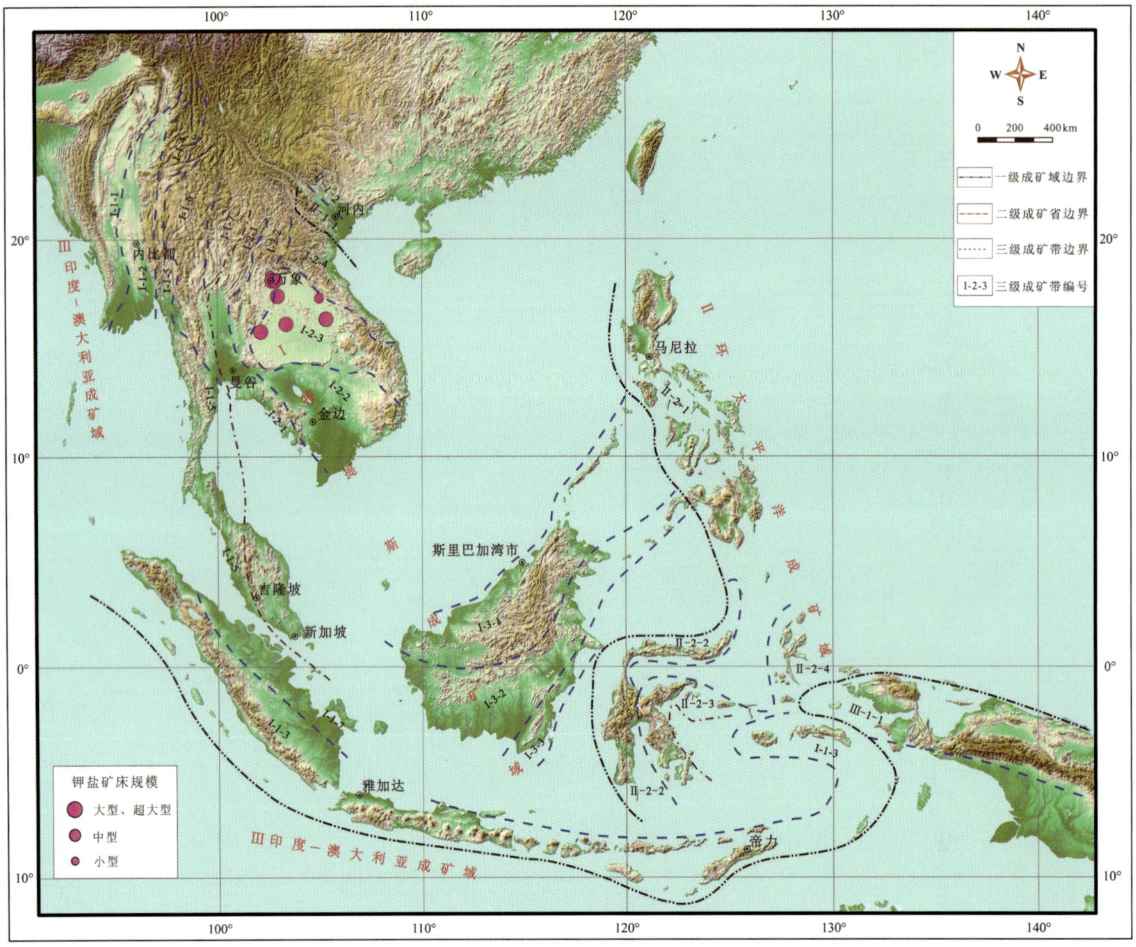

图 2.8　东盟国家钾盐分布图

表 2.5　东盟主要钾盐资源国储量及资源量

国家	储量 / 亿吨	东盟占比 /%	资源量 / 亿吨	东盟占比 /%
老挝	18.6	92.2	52.4	90.3
泰国	1.58	7.8	5.6	9.7
总计	20.2	100	58.0	100

注：数据来源为中国地质调查局、《全球矿产资源储量评估报告 2023》；钾盐储量及资源量以 KCl 计。

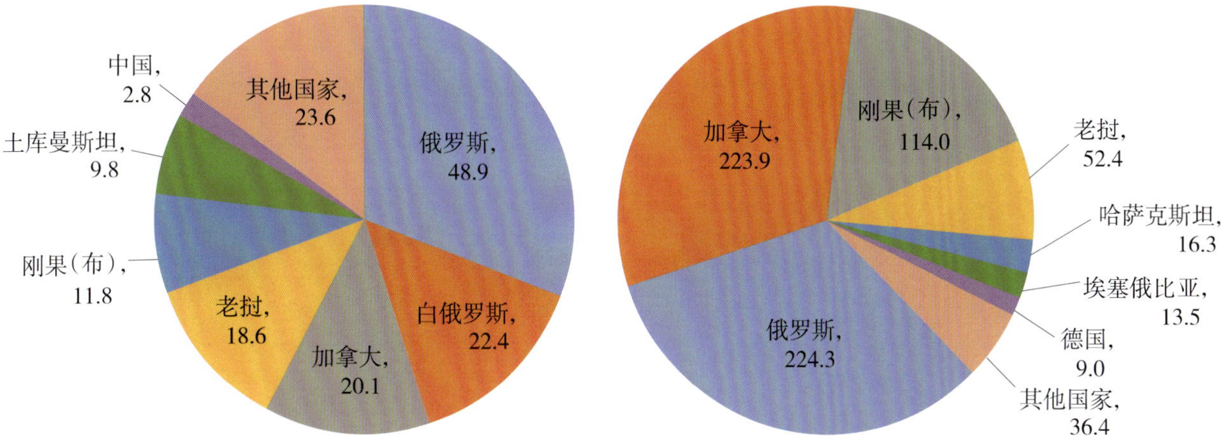

图 2.9　全球主要钾盐资源国储量（左）和资源量（右）

单位：亿吨

呵叻盆地和沙空那空盆地为呵叻高原内的两处断陷盆地。钾盐矿床均产于两个盆地内的晚白垩世—古近纪蒸发岩系中，属蒸发沉积型固体钾盐。呵叻盆地和沙空那空盆地的主体部分位于泰国，约占盆地总面积的 92%；沙空那空盆地的北缘和东缘位于老挝境内，约占盆地总面积的 8%。由于勘查程度总体较低，目前资源储量相对较低，但潜力巨大。

2.6　稀土储量占全球 8.4%，主要分布在越南

东盟国家稀土资源较为丰富，全区稀土（氧化物）储量为 1195 万吨（2022 年），占全球 1.43 亿吨总储量的 8.4%，集中分布于越南、缅甸等国家（表 2.6）。越南稀土储量为 1145 万吨，占全球总储量的 8.0%，居第四位（图 2.10）；缅甸稀土储量为 50 万吨，居全球第 11 位。越南、缅甸稀土资源量合计 1206 万吨，占全球 2.39 亿吨总资源量的 5.0%。老挝也分布有少量稀土矿点，但目前还没有披露的储量数据。

表 2.6　东盟主要稀土资源国储量和资源量

国家	储量 / 万吨	东盟占比 /%	资源量 / 万吨	东盟占比 /%
越南	1145	95.8	706	58.5
缅甸	50	4.2	500	41.5
总计	1195	100	1206	100

注：数据来源为中国地质调查局、《全球矿产资源储量评估报告 2023》；稀土储量和资源量以稀土氧化物计。

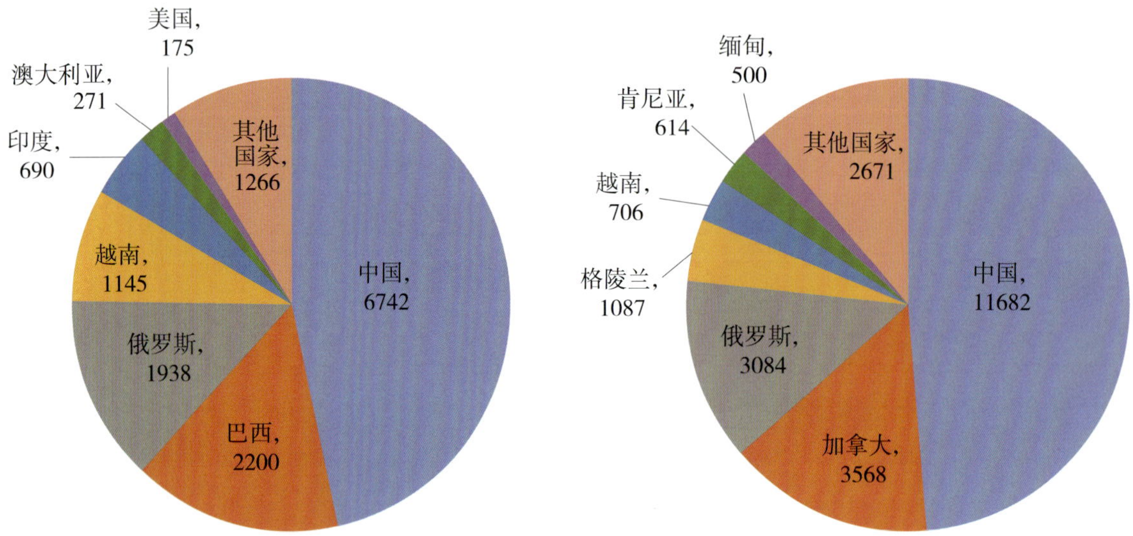

图 2.10　全球主要稀土资源国储量（左）和资源量（右）

单位：万吨

越南稀土矿主要分布于西北部的莱州省岩浆岩区，以铁、铜矿床伴生的轻稀土为主。东盟稀土矿资源潜力较大，尤其是中南半岛北部，有众多的岩浆弧带分布，是寻找离子吸附型稀土矿的有利地区，资源潜力巨大。

2.7　铜、金资源相对集中，拥有亚洲最大的铜矿

铜、金矿床发育于东盟大多数国家，两者常见伴生关系，分布特征较为类似。东盟铜矿储量约 3096.4 万吨，资源量 7212.6 万吨，其中储量约占全球的 3.5%；金矿资源量 10248.1 吨，约占全球的 5.4%。其中，印度尼西亚和菲律宾是主要的铜、金资源国，两国合计拥有东盟 88% 的铜和 93% 的金资源量（图 2.11，图 2.12；表 2.7，表 2.8）。

铜矿主要分布在印度尼西亚、菲律宾、缅甸三国，铜储量分别为 1905.9 万吨、620.7 万吨、413.7 万吨，分别占东盟铜储量的 61.6%、20.0% 和 13.4%；铜资源量分别为 4252.5 万吨、2132.6 万吨、545.3 万吨，分别占东盟铜资源量的 59.0%、29.6% 和 7.6%。东盟其他铜资源国包括老挝、越南、泰国、柬埔寨等。主要的矿床类型包括斑岩型、矽卡岩型、铁氧化物型（IOCG）、岩浆分异型（铜镍硫化物型）、火山成因块状硫化物型等。其中，斑岩型铜矿是东盟地区最为重要的铜矿床类型，主要分布在缅甸中央构造成矿带，

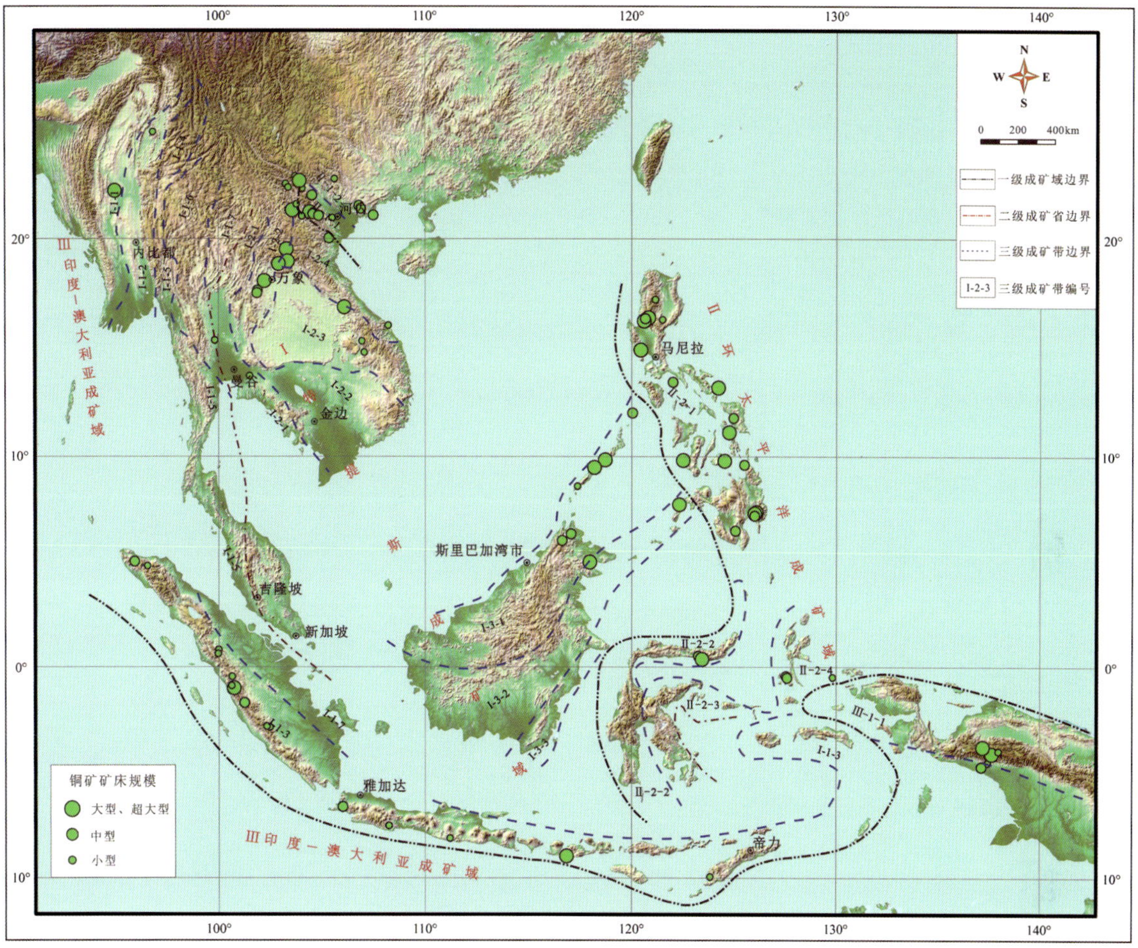

图 2.11　东盟国家铜矿分布图

表 2.7　东盟主要铜资源国储量、资源量

国家	储量 / 万吨	东盟占比 /%	资源量 / 万吨	东盟占比 /%
印度尼西亚	1905.9	61.6	4252.5	59.0
菲律宾	620.7	20.0	2132.6	29.6
缅甸	413.7	13.4	545.3	7.6
老挝	101.1	3.3	161.7	2.2
越南	55.0	1.8	—	—
泰国	—	—	115.4	1.6
柬埔寨	—	—	5.1	0.1
总计	3096.4	100	7212.6	100

注：数据来源为美国地质调查局，2022；矿业公司公开资料。

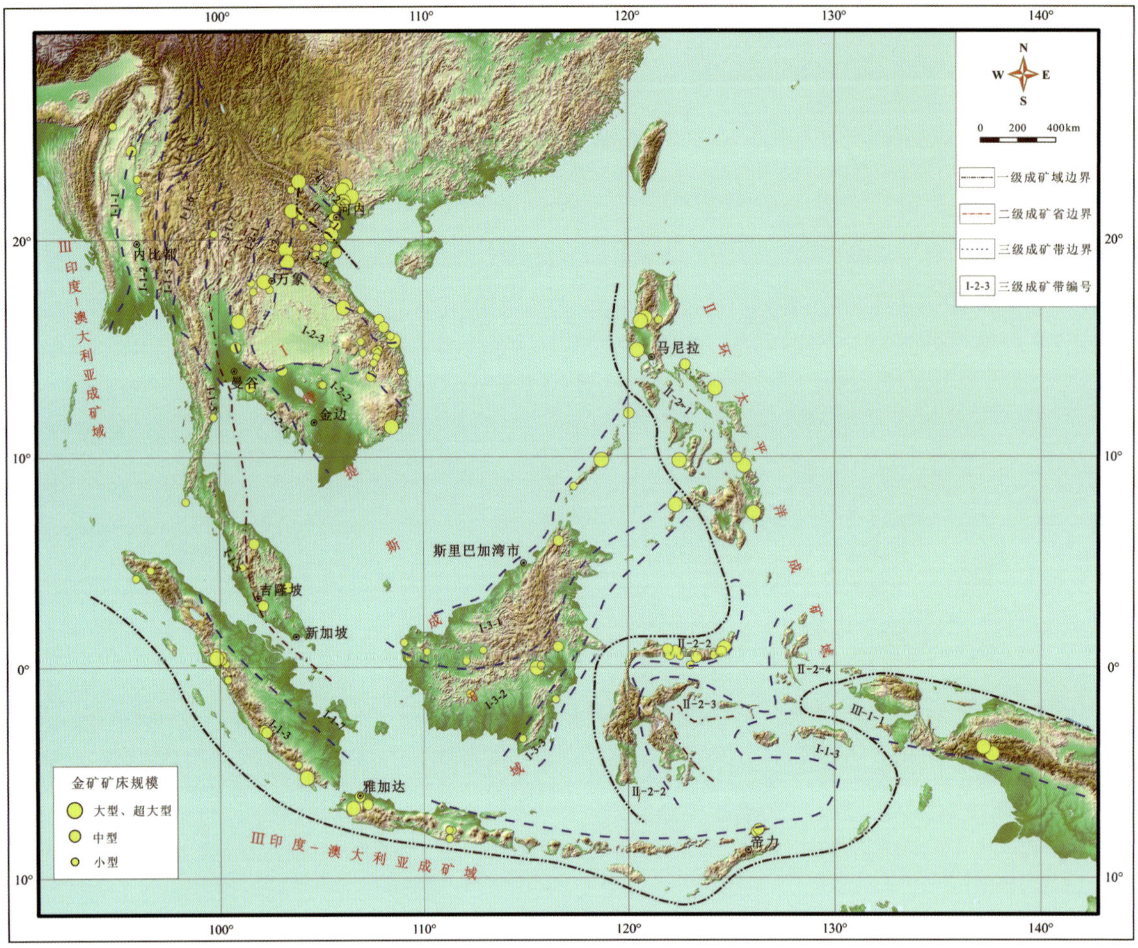

图 2.12　东盟国家金矿分布图

表 2.8　东盟主要金资源国资源量

国家	资源量 / 吨	东盟占比 /%
印度尼西亚	6152	60.0
菲律宾	3468	33.8
马来西亚	233	2.3
老挝	130	1.3
泰国	126	1.2
越南	90.5	0.9
柬埔寨	34.7	0.3
缅甸	13.9	0.2
总计	10248.1	100

注：数据来源为美国地质调查局，2022；矿业公司公开资料。

印度尼西亚的苏门答腊－爪哇成矿带、北苏拉威西省、南新几内亚岛成矿带，菲律宾的吕宋－棉兰老岛成矿带，泰国黎府地区等，代表性矿床包括亚洲第一、全球前十大铜矿印度尼西亚格拉斯伯格（资源储量 3969 万吨）和缅甸蒙育瓦（资源储量 700 万吨）铜矿等。

金矿主要分布于印度尼西亚和菲律宾，资源量分别为 6152 吨和 3468 吨，分别占东盟金资源量的 60.0% 和 33.8%；其次为马来西亚、老挝和泰国三国，占比分别为 2.3%、1.3% 和 1.2%；越南、柬埔寨和缅甸也分布有少量金矿资源。主要矿床类型为斑岩－矽卡岩型铜金矿床、浅成低温热液型金矿床、造山型金矿床等。其中，斑岩－矽卡岩型铜金矿床占主导地位，金和铜多为伴生关系。

3 东盟矿业发展动态

3.1 镍、锡等矿产资源开发影响全球供应格局

3.1.1 镍、锡、稀土等矿产产量居全球前列

据 *World Metal Statistics Yearbook 2022* 数据（表 3.1），2021 年，东盟国家镍产量约

表 3.1 东盟国家优势矿种产量

矿种	2021 年东盟产量	2021 年全球产量	占比 /%	产量单位
镍	145.0	268.5	54.0	万吨
锡	10.0	35.4	28.3	万吨
精炼锡	10.2	37.9	26.9	万吨
钨	1.9	10.9	16.9	万吨
稀土	3.4	28	12.3	万吨
铝土矿	0.3	3.7	7.0	亿吨
精炼铝	110.8	6713.2	1.7	万吨
铜	105.4	2134.7	4.9	万吨
精炼铜	69.4	2458.9	2.8	万吨
金	126.7	3064.7	4.1	吨
锑	3665	88469	4.1	吨
锰	108.8	4950.2	2.2	万吨
银	395.2	25644.6	1.5	吨
铅	4.3	575.3	0.7	万吨
精炼铅	18.7	1432.5	1.3	万吨
铁矿石	0.1	31.7	0.4	亿吨
锌	4.2	1330.6	0.3	万吨
铬	3.1	3535.6	0.1	万吨

注：数据来源为美国地质调查局，*World Metal Statistics Yearbook 2022*；数据均保留 1 位小数。

145.0 万吨，占全球总产量的 54.0%，其中印度尼西亚和菲律宾镍产量分别为 104.3 万吨和 38.6 万吨，位居全球前两位。东盟国家锡产量 10.0 万吨，占全球总产量 28.3%，其中印度尼西亚和缅甸锡产量分别为 6.0 万吨和 2.95 万吨，分居全球第二位和三位；印度尼西亚也是全球第二大精炼锡生产国。缅甸、泰国、越南稀土产量分别居全球第三位、第五和第十位。越南钨产量 1.9 万吨，居全球第二位。

3.1.2 东盟地区成为镍、锡、稀土等全球市场供应中心

据 UN Comtrade Database 信息（表 3.2），2021 年，东盟国家出口镍矿石 4338.4 万吨，占全球出口总量的 93.6%，主要出口国为菲律宾；出口镍铁矿 359.0 万吨，占全球出口总量的 84.4%，主要出口国为印度尼西亚；出口锡矿及未加工锡 9.5 万吨，占全球出口总量的 44.2%，主要出口国为印度尼西亚、马来西亚；出口稀土及其氧化物 5.2 万吨，占全球出口总量的 39.0%，主要出口国为缅甸、马来西亚和越南。

表 3.2 东盟地区 2021 年主要矿产品出口

矿产	出口价值 / 亿美元	出口量 / 万吨	全球出口量 / 万吨	出口量全球占比 /%	主要出口国
镍矿石	14.6	4338.4	4636.6	93.6	菲律宾
镍铁矿	74.9	359.0	425.3	84.4	印度尼西亚
锡矿及未加工锡	29.9	9.5	21.5	44.2	印度尼西亚、马来西亚
* 稀土及其氧化物	6.6	5.2	13.4	39.0	缅甸、马来西亚、越南
铜矿石	60.8	255.8	1710.4	15.0	印度尼西亚、马来西亚、菲律宾
铁矿石	15.6	3111.7	148863.0	2.1	马来西亚、菲律宾、印度尼西亚

注：数据来源为 UN Comtrade Database、Resource Trade Earth；数据均保留 1 位小数。* 稀土及其氧化物为 2020 年数据，供参考。

3.2 勘查投入保持平稳，向金、铜、镍等矿种的成熟矿业项目集中

近年来东盟对矿产资源的勘查投入整体止跌企稳，主要集中在传统矿业大国印度尼西亚。标普全球市场财智数据显示，东盟对矿产资源的勘查投入自 2012 年的 8.7 亿美元

下滑至最低点 2018 年的 1.4 亿美元，从 2019 年以后整体保持在 2 亿美元 / 年左右规模，2022 年达到 2.08 亿美元（图 3.1）。2022 年，印度尼西亚勘探投入 1.27 亿美元，占整个东盟的 61.09%。

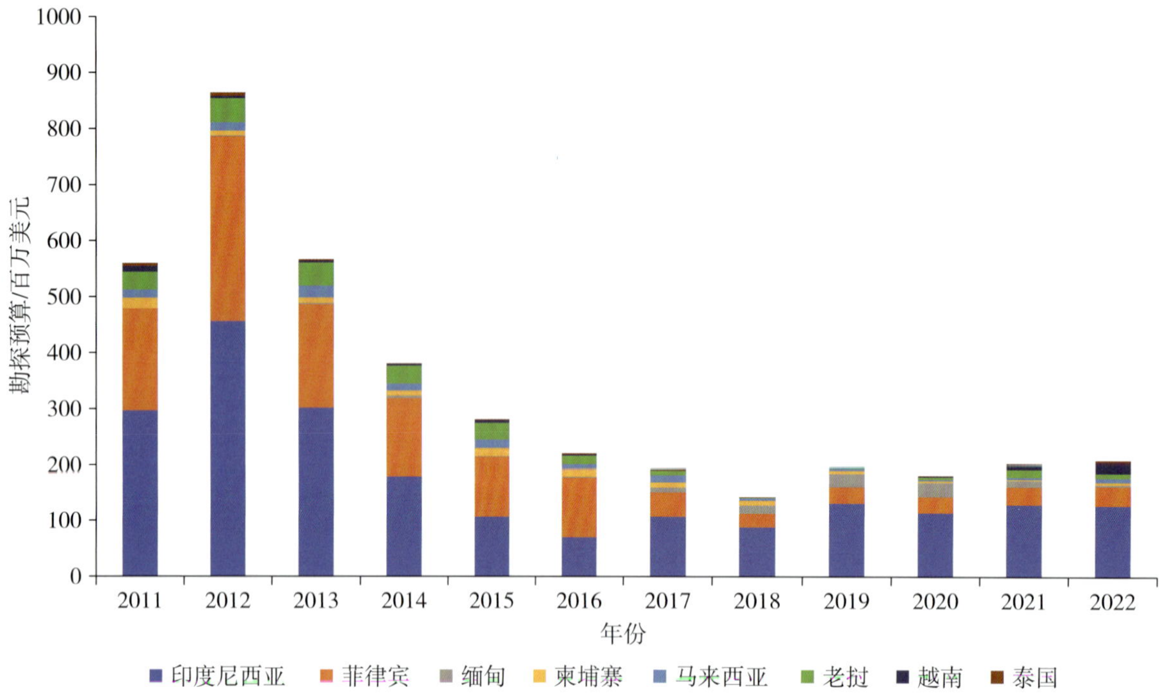

图 3.1　东盟各国 2011—2022 年对矿产资源的勘查投入

数据来源为标普全球市场财智

东盟固体矿产勘查投入主要集中在金、铜、镍等区域传统优势矿种，锂矿资源持续投入。2022 年，东盟国家金矿勘查投入 1.18 亿美元，占比约 56.98%；铜矿勘查投入 0.43 亿美元，占比 20.67%；镍矿勘查投入为 0.39 亿美元，占比 18.71%；泰国锂资源勘查投入 240 万美元（泛亚金属公司），目前已进入可行性研究阶段（图 3.2；表 3.3）。

表 3.3　东盟 2022 年各矿种勘查投入

矿种	金	铜	镍	锂	银	铅锌	钴	其他固体矿产	总计
投入 / 万美元	11880	4310	3900	240	230	100	20	170	20850
占比 /%	56.98	20.67	18.71	1.15	1.10	0.48	0.10	0.82	100

数据来源：标普全球市场财智。

中、小型矿业公司在本区域投入较高，后期成熟阶段的勘查投入远高于草根勘查。2022 年，大型、中型和小型矿业公司在东盟国家勘查投入分别为 7780 万美元、6520 万美元和 5910 万美元，中、小型矿业公司勘查投入合计占比 59.56%；对生产阶段的矿山勘查投入 1.25 亿美元，占比 60.03%（图 3.3）。

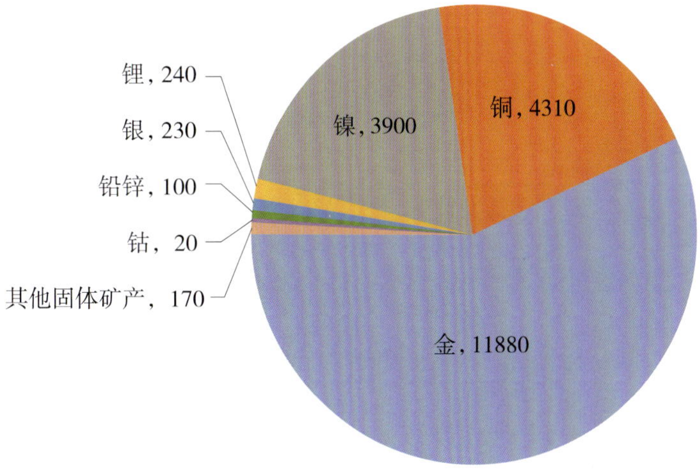

图 3.2　东盟 2022 年固体矿产勘查投入矿种结构

数据来源为标普全球市场财智；单位为万美元

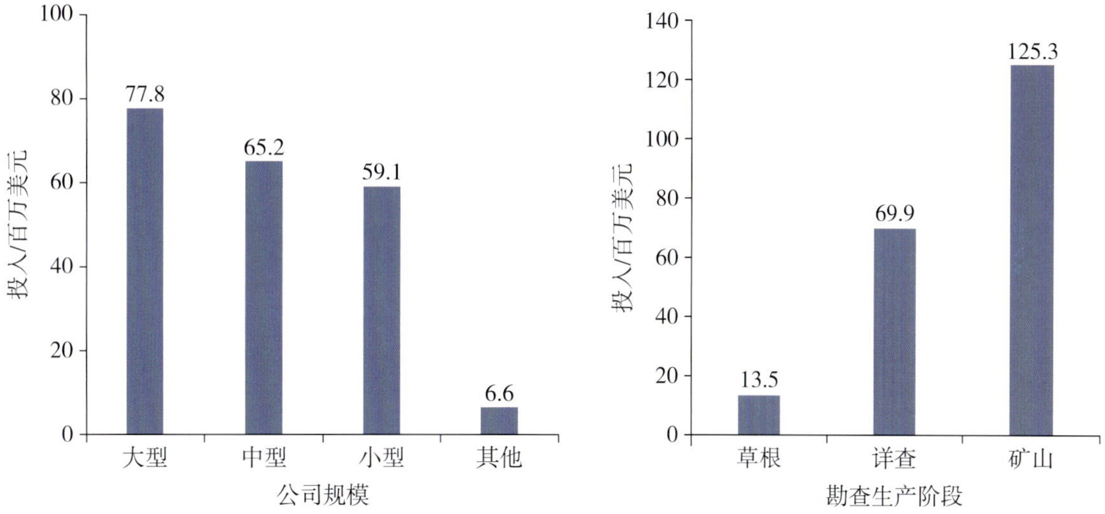

图 3.3　东盟 2022 年固体矿产勘查投入

数据来源：标普全球市场财智

近十年来，大型公司在东盟国家勘查投入占比逐渐走低，从最高 65% 逐步下滑至 37%，显示出中、小型矿业公司对本区域的投入日趋加强（图 3.4）。

近十年，东盟国家固体矿产详查投入占比提高，草根投入占比持续下降（图 3.5）。受近年全球固体矿产行情下行趋势影响，勘查公司致力于规避早期高风险项目，更倾向于将资金投入成熟的项目中。

图 3.4　东盟 2012—2022 年不同类型勘查公司勘查投入占比

数据来源：标普全球市场财智

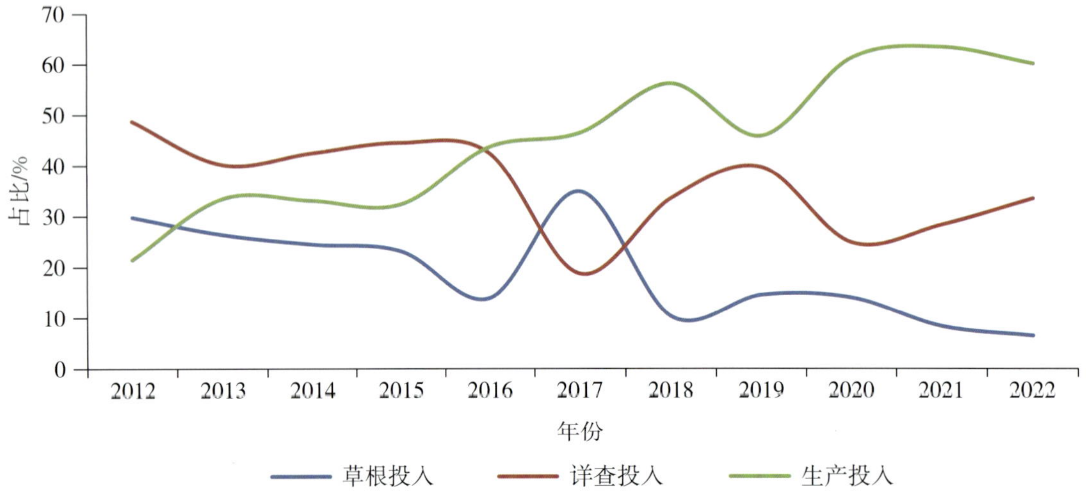

图 3.5　东盟国家 2012—2022 年不同勘查阶段投入占比变化

数据来源：标普全球市场财智

3.3　印度尼西亚矿业交易最为活跃

近十年来，东盟国家矿山总交易额达 89 亿美元，其中印度尼西亚占比 93.84%（图 3.6）。排名前十的矿山交易中，印度尼西亚占有 9 席，老挝占 1 席（表 3.4）。近十年来，东盟国家矿业公司交易额超过 930 亿美元（表 3.5），其中印度尼西亚占比 48%（图 3.7）。

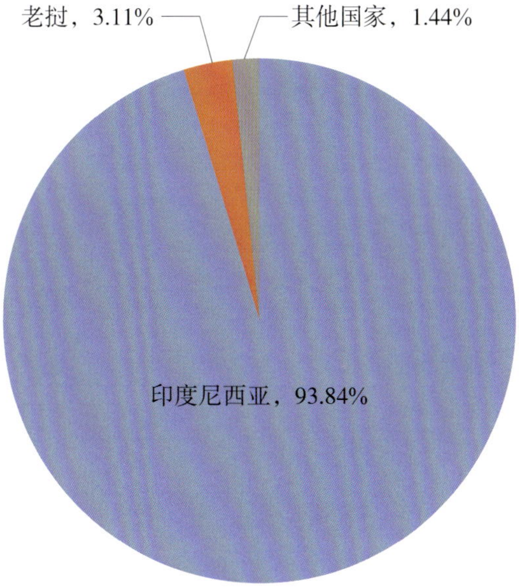

图 3.6 东盟国家矿山交易额占比

数据来源：标普全球市场财智

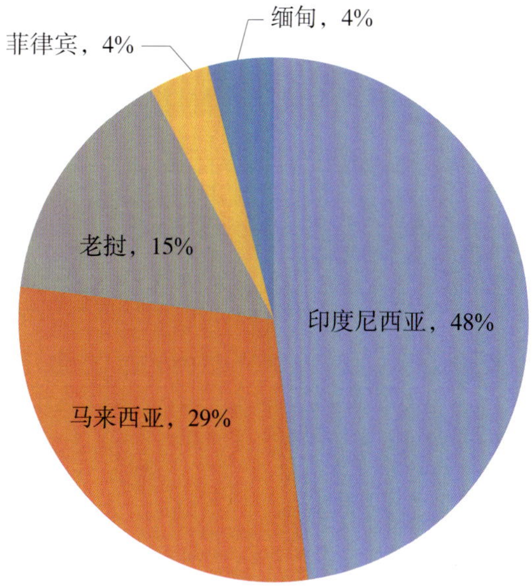

图 3.7 东盟国家矿业公司股权交易额占比

数据来源：标普全球市场财智

表 3.4 东盟交易金额排名前十的矿山交易

买方	卖方	购买矿权股份 /%	主矿种	交易金额 / 亿美元	所在国
PT Indonesia Asahan Aluminium（Persero）	Investor group	41.87	铜	38.5	印度尼西亚
PT Amman Mineral International	Newmont Mining Corporation	48.50	铜	13.23	印度尼西亚
PT Danusa Tambang Nusantara	Investor group	95.00	金	12.10	印度尼西亚
Marlin Group Limited	G-Resources Group Limited	95.00	金	9.05	印度尼西亚
Nickel Mines Limited	Shanghai Decent Investment（Group） Co.，Ltd.	70.00	镍	5.25	印度尼西亚
Chifeng Jilong Gold Mining Co.，Ltd.	MMG Limited	90.00	铜	2.75	老挝
Nickel Mines Limited	Shanghai Decent Investment（Group） Co.，Ltd.	20.00	镍	1.50	印度尼西亚
PT Indotan Halmahera Bangkit	Newcrest Mining Limited	75.00	金	0.90	印度尼西亚
PT Merdeka Copper Gold，Tbk.	Provident Capital Partners Pte. Ltd.	66.60	金	0.55	印度尼西亚
Tuochuan Capital Limited	China Hanking Holdings Limited	58.45	镍	0.53	印度尼西亚

数据来源：标普全球市场财智。

表 3.5 东盟交易金额排名前十的矿业公司股权交易

交易对象	买方	卖方	购买股份 /%	主矿种	交易金额 / 亿美元	所在国
PT Vale Indonesia Tbk.	PT Indonesia Asahan Aluminium（MIND ID）	Investor group	20.00	镍	389.34	印度尼西亚
Apex Mining Co., Inc.	Prime Strategic Holdings Inc	Investor group	59.68	金	175.78	菲律宾
SBS Mining Corp. Malaysia Sd. Bhd.	GMCI Corp.	NA	100.00	铁	127.41	马来西亚
Asia–Alliance Mining Resources Corp.	Apex Mining Co., Inc.	Investor Group	100.00	铜	81.50	菲律宾
Asia Pilot Mining Philippines Corp & Brightgreen Resources Corporation	Marcventures Holdings, Inc.	Investor Group	100.00	铝土	55.88	菲律宾
PT Merdeka Copper Gold Tbk.	PT Alam Tri Abadi	Pvt Invsr–Mr. Garibaldi Thohir	0.78	金	29.89	印度尼西亚
Harbor Star Mining Company Limited	Next Horizon Investments Limited	Private Investor–Ms. OHN MAR WIN	90.00	铅	19.29	缅甸
Greenstone Resources Corporation	TVI Resource Development Philippines Inc.	Red 5 Limited	100.00	金	19.00	菲律宾
Padaeng Industry Public Company Limited	Country Group Holdings Public Company Limited	Bali Ventures Limited	15.01	锌	17.52	泰国
Geogen Corporation	Nickel Asia Corporation	NA	100.00	镍	16.17	菲律宾

数据来源：标普全球市场财智。

3.4 大型矿业公司主导东盟矿业开发

3.4.1 大型矿业公司拥有优质资源

东盟是矿业公司投资的热土，印度尼西亚、菲律宾为热点投资国家。东盟正在运营的矿业公司超过 230 家，在印度尼西亚投资的矿业公司超过 110 家，约占矿业公司总数的 48%；在菲律宾投资的矿业公司约 57 家，约占总数的 25%（图 3.8）。

东盟本土矿业公司数量最多，在煤、镍、金、锡、铝土、钾盐等矿产开发领域具有优势。东盟正在运营的主要本土矿业公司超过160家，主要位于印度尼西亚和菲律宾。著名矿业公司包括印度尼西亚的阿内卡矿业公司（PT Aneka Tambang Tbk.）、西塔矿业投资有限公司（PT Cita Mineral Investindo Tbk.），菲律宾的亚洲镍业公司（Nickel Asia Corporation）、环球镍铁控股公司（Global Ferronickel Holdings，Inc.）。东盟本土矿业公司在锡、铝土、镍、金、煤、石油、天然气等矿产资源方面优势明显。

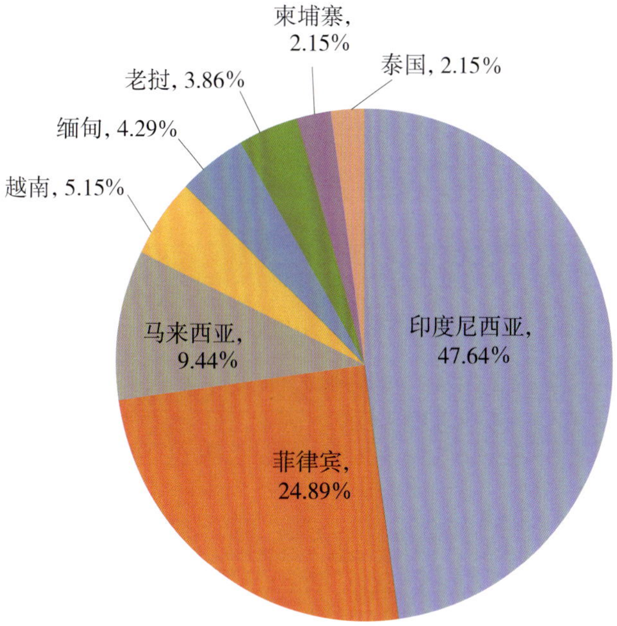

图 3.8 东盟主要矿业公司投资国分布统计图

数据来源：标普全球市场财智

外资大型矿业公司实力雄厚，主要投资铁、镍、铜、金、铝土等矿产的开发。在东盟投资的外资大型矿业公司超过100家（表3.6），主要来自澳大利亚、中国、加拿大、日本、美国、英国、瑞士等12个国家，包括巴西淡水河谷公司（Vale S. A.）、美国自由港

表 3.6 在东盟投资矿业公司按所属国分类统计表

排名	国家	数量	排名	国家	数量
1	印度尼西亚	54	12	美国	5
2	澳大利亚	35	13	缅甸	4
3	菲律宾	31	14	瑞士	4
4	中国	24	15	老挝	3
5	新加坡	11	16	柬埔寨	2
6	加拿大	11	17	新西兰	2
7	日本	10	18	南非	2
8	泰国	8	19	韩国	2
9	马来西亚	8	20	巴西	2
10	越南	7	21	印度	1
11	英国	5			

数据来源：标普全球市场财智。

麦克莫兰公司（Freeport-McMoRan Inc.）、日本住友金属公司（Sumitomo Metal Mining Co. Ltd.）、瑞士嘉能可公司（Glencore Plc）等。外资矿业公司主要从事铁、镍、铜、金、铝土等矿产的开采、冶炼、销售等业务，在铁、铜、金等矿产资源开发方面具有优势。

3.4.2 主要大型矿业公司

3.4.2.1 本土大型矿业公司

东盟有正在运营的主要本土矿业公司共 128 家，位于印度尼西亚、菲律宾、新加坡、马来西亚等 9 国，其中印度尼西亚 54 家、菲律宾 31 家，两国矿业公司合计占比为 66%；主要从事煤、镍、铜、金、锡、铝土、钾盐等矿产的勘查、开发、冶炼等业务，主要持有区内铝土（资源占比 73%）、镍（资源占比 68%）、金（资源占比 61%）、铜（资源占比 19%）等矿产矿资源。区域内主要的东盟本土矿业公司包括印度尼西亚的阿内卡矿业公司、西塔矿业投资公司；菲律宾的亚洲镍业公司、环球镍铁控股公司等。

（1）阿内卡矿业公司（PT Aneka Tambang Tbk.）

阿内卡矿业公司（PT Aneka Tambang Tbk.，简称 ANTAM）是一家印度尼西亚国有控股的矿业公司（印度尼西亚政府控股 65% 和公众控股 35%），业务主要分布于印度尼西亚国内，公司拥有三大核心业务，分别是镍矿、金矿及铝土矿，是印度尼西亚最大的镍生产商。ANTAM 镍矿业务包含有镍铁和镍矿的销售，其目前在印度尼西亚拥有镍矿山 14 个，其镍矿整体储量（金属量）为 763.84 万吨，2021 年产量（金属量）13.98 万吨。ANTAM 铝土矿业务包括铝土矿开采及化学级氧化铝生产，其在印度尼西亚拥有铝土矿矿山 8 处，净矿总储量约 1.5 亿吨，其中有 4 处矿山处于开采中；公司拥有印度尼西亚目前唯一的化学级氧化铝厂，年产能 30 万吨。2019 年该公司与中国铝业签署了 100 万吨 / 年冶金级氧化铝厂建设合约。

（2）亚洲镍业公司（Nickel Asia Corporation）

亚洲镍业公司（Nickel Asia Corporation）是菲律宾最大的镍矿生产商，1977 年成立，在马尼拉上市（股市代码：NIKL），其股权分别由日本住友金属矿业菲律宾控股公司（Sumitomo Metal Mining Philippine Holdings Inc.）持有 26.52%，俄罗斯国家原子能公司

（The State Atomic Energy Corporation，ROSATOM）持有 25.89%，菲律宾镍矿投资公司（Ni Capital Corp.）持有 13.43%，剩余的 34.16% 股份由 18 个来自美国、韩国、挪威、菲律宾的私人公司或机构持有。亚洲镍业公司目前在菲律宾在营的镍矿山 5 个，分别为 Rio Tuba、Taganito、Hinatuan（Taganaan）、Cagdianao、Dinapigue，其整体储量（金属量）为 276.9 万吨，产量（金属量）25.14 万吨。

（3）环球镍铁控股公司（Global Ferronickel Holdings，Inc.）

环球镍铁控股公司（Global Ferronickel Holdings，Inc.）是菲律宾第二大的镍矿生产商，于 1994 年成立，在马尼拉上市（股市代码：FNI），其股权组成情况整体较为分散，分别由菲律宾 Sohoton Synergy Inc. 持有 16.06% 股份，菲律宾 Regulus Best Nickel Holdings Inc. 持有 9.57% 股份，菲律宾 Ultimate Horizon Capital Inc. 持有 6.51% 股份，Blue Eagle Elite Ventures Inc. 持有 6.38% 股份，剩余 61.48% 股份由 19 个来自美国、韩国、印度、马来西亚、菲律宾等国的私人公司或机构持有。环球镍铁控股公司目前在菲律宾在营的镍矿山 1 个，为 Cagdianao，其储量（金属量）为 44.43 万吨，产量（金属量）为 7.61 万吨。

3.4.2.2 外资大型矿业公司

在东盟投资合作的主要外资矿业公司超过 139 家，来自中国、澳大利亚、巴西、美国、加拿大、日本、英国、瑞士等 12 国，主要从事镍、铜、金、铝土、钾盐等矿产的开采、冶炼、销售等业务，包括中国的金川集团股份有限公司、万宝矿产有限公司、青山控股集团，巴西淡水河谷公司（Vale S. A.），美国自由港麦克莫兰公司（Freeport-McMoRan Inc.），日本住友金属矿业公司（Sumitomo Metal Mining Co. Ltd.），瑞士嘉能可公司（Glencore Plc）等国际矿业巨头。这些大型矿业公司主要持有区内铁（94%）、铜（74%）、金（34%）、镍（20%）等矿产资源。

（1）中国金川集团股份有限公司（Jinchuan Group Co.，Ltd.）

中国金川集团股份有限公司在全球 30 多个国家和地区开展有色金属矿产资源开发合作，主要生产镍、铜、钴、铂族贵金属及有色金属压延加工产品、化工产品、有色金属化学品、有色金属新材料等。金川集团股份有限公司拥有全球第五座、亚洲第一座镍闪速熔炼炉，全球首座铜合成熔炼炉，全球首座富氧顶吹镍熔炼炉等国际领先的装备和技术。金川集团股份有限公司金盛矿业持有印度尼西亚第三大镍矿生产商 PT Central Omega Resources Tbk. 72.84% 的股份。PT Central Omega Resources Tbk. 在印度尼西亚拥有三个镍矿山矿权，分别为 Morowali、Lambolo、Konawe，储量（金属量）分别为 34 万吨、14.09 万吨、13.43 万吨，镍铁产能为 20 万吨。

（2）中国青山控股集团（Tsingshan Holding Group）

中国青山控股集团成立于 2003 年，自 2008 年起开始布局海外镍矿，是全球最大的镍铁生产厂商之一。据中信建投统计，2020 年青山控股集团拥有全球 18% 的镍市场份额。2019 年销售额 2626 亿元，其中镍当量销量 33 万吨，公司着手布局新能源锂电池上下游产业，携手中国格林美股份有限公司、广东邦普循环科技有限公司、浙江华友钴业股份有限公司以及日本阪和等合作伙伴，在印度尼西亚投资建设红土镍矿生产电池级化学品（硫酸镍晶体）（5 万吨镍 / 年）项目和氢氧化镍钴湿法项目（6 万吨镍金属量 / 年），打造具有国际竞争力的新能源电池镍资源原料制造体系，建设全球先进的动力电池原料制造基地。目前青山控股集团在印度尼西亚控股一个镍矿山纬达贝（Weda Bay），资源量为 933.4 万吨。

（3）中国万宝矿产有限公司（Wanbao Minerals Co.）

中国万宝矿产有限公司（以下简称为万宝矿产）成立于 2004 年，主要从事海外矿产资源地质勘查、开采、矿石加工、冶炼、矿产品贸易、矿业及相关产业投资运作等业务。万宝矿产持续获取海外优质矿产资源，在东南亚及非洲中南部拥有铜矿、铜钴矿、铂钯矿等多处矿山的探矿权和采矿权。在东盟地区重点开发缅甸蒙育瓦莱比塘铜矿、缅甸蒙育瓦萨比塘 – 七星塘铜矿（S & K 矿）项目。截至 2012 年底，万宝矿产拥有铜资源量 892 万吨、钴资源量 43 万吨、铂资源量 800 吨。2013 年，万宝矿产实现销售收入 51 亿元人民币，销售铜金属量 5 万吨、钴金属量 3500 吨。

（4）巴西淡水河谷公司（Vale S. A.）

巴西淡水河谷公司（Vale S. A.）成立于 1942 年，是全球最大的铁矿、镍矿生产商，同时生产锰、铁合金、铜、铝土、钾盐、高岭土和钴。在东盟国家，淡水河谷公司的矿业业务主要为镍矿，并在印度尼西亚设立子公司印度尼西亚淡水河谷公司（PT Vale Indonesia Tbk.），主要业务为镍矿的生产与销售，在印度尼西亚雅加达上市（股市代码：INCO）。印度尼西亚淡水河谷公司目前在印度尼西亚拥有3个大型镍矿权（有效期至2025年12月28日），特许权面积为118017公顷，分布于南苏拉威西省（70566公顷）、中苏拉威西省（22699公顷）和东南苏拉威西省（24752公顷）；在营的镍矿山1个，为Sorowako，镍矿储量（金属量）为189.63万吨，2022年镍原矿产量1155万吨（数据源：印度尼西亚淡水河谷2022年报）。

（5）美国自由港麦克莫兰公司（Freeport-McMoRan Inc.）

美国自由港麦克莫兰公司（Freeport-McMoRan Inc.）成立于1987年，是目前全球第二大铜矿商。其控制的印度尼西亚格拉斯伯格铜金矿山为亚洲第一大铜矿，也是全球十大铜金矿床之一。投产至今，格拉斯伯格矿年均产铜超过50万吨，最高年份超过70万吨；年均产金超过40吨，最高年份接近80吨。该矿对自由港的平均利润贡献超过20亿美元，最高年份超过40亿美元。该矿山铜金属储量1397万吨，金金属储量745吨。2022年共生产铜72.5万吨，金45.3吨（数据源：美国自由港麦克莫兰公司2022年报）。

（6）日本住友金属矿业公司（Sumitomo Metal Mining Co. Ltd.）

日本住友金属矿业公司（Sumitomo Metal Mining Co. Ltd.）主要从事有色金属的开采、冶炼和精炼、先进材料的销售和制造等业务。该公司在菲律宾拥有亚洲镍业公司26.52%的股份、Taganito镍精炼厂75%的股份、Coral Bay镍精炼厂54%的股份；在印度尼西亚拥有Sorowako镍精炼厂20.09%的股份。2004年，参与投资菲律宾的Coral Bay镍精炼厂项目，2005年开始商业化生产。2009年，实施菲律宾Taganito镍精炼厂项目开发，2013年开始商业化生产。2018年，Coral Bay和Taganito镍精炼厂共生产电解镍5700吨。

（7）瑞士嘉能可公司（Glencore Plc）

瑞士嘉能可公司（Glencore Plc）成立于1974年，是全球最大的铜生产商和市场商之一，2022年生产了105.8万吨铜。在东南亚，瑞士嘉能可公司拥有并经营菲律宾唯一的铜冶炼厂和精炼厂——帕萨（Pasar），占股 78.2%。该冶炼厂和精炼厂位于菲律宾群岛的中心。1983—1986 年，帕萨的所有铜精矿需求均来自菲律宾本土的铜矿；1987 年，由于大多数当地的铜矿关闭，铜精矿逐渐变为进口来源；如今，其铜精矿由澳大利亚、加拿大、东南亚、巴布亚新几内亚和南美的大型矿山提供。帕萨的主要产品是电解阴极铜，于 2006 年初将其冶炼厂产能提高至 720000 吨 / 年；2007 年 5 月，完成从传统起始薄板电精炼到不锈钢阴极法（ISA）工艺的转化，从而使精炼厂的阴极铜产能提高了 215000 吨 / 年。

4 东盟矿业投资环境

4.1 《区域全面经济伙伴关系协定》为东盟矿业发展带来机遇与挑战

2020年11月15日，历经8年谈判，中国、日本、韩国、澳大利亚、新西兰以及东盟十国正式签署《区域全面经济伙伴关系协定》（RCEP），标志着当今世界上人口最多、经贸规模最大、最具发展潜力的自由贸易区正式启航，将进一步促进本地区产业链和价值链的融合，为区域经济一体化注入强劲动力。矿业作为东盟国家经济发展的重要支柱之一，将分享到RCEP带来的矿业投资和矿产品贸易自由化、便利化的红利，迎来新的发展机遇，但同时，也将面临更多的全球性竞争。

4.1.1 RCEP为东盟矿业发展带来新机遇

4.1.1.1 在矿业投资方面，RCEP成员国均采用负面清单方式对包括采矿业领域在内的投资作出较高水平开放承诺，大大提高了各方政策透明度，实现了扩大外商投资市场准入

RCEP“第十章　投资”涉及投资促进、投资保护、投资便利化与自由化等4个方面，包括国民待遇、最惠国待遇、投资待遇、禁止业绩要求、转移、损失的补偿、征收等各条款，为跨国投资便利化提供了政策性依据。RCEP的签订将进一步扩大东盟地区矿产资源、劳动力和土地资源上的优势，吸引中国、日本、韩国、澳大利亚等国企业在东盟各国进行矿业开发投资，促进东盟矿业的发展。

在缅甸、老挝、柬埔寨等国，更多的矿业开发投资将有效提高地质矿产勘查程度，有助于其掌握本国矿产资源概况，实现由资源优势向经济优势转变。对于印度尼西亚、马来西亚、菲律宾等矿业较为成熟的国家，将吸引中国、日本、澳大利亚等国矿业产能、先进技术的转移，扩展矿业产业链，易形成矿业产业聚集效应，实现矿业产值的增加。

4.1.1.2 在矿产品贸易方面，RCEP通过区域性关税减免以及零关税条款，促进了自由贸易，进一步扩大东盟国家矿产品出口

RCEP中明确规定，15个成员国之间采用双边两两出价的方式对货物贸易自由化作出安排，协定生效后区域内90%以上的货物贸易将最终实现零关税，且主要是通过立刻降税到零和10年内降税到零两种方式，使RCEP自贸区有望在较短时间兑现所有货物贸易自由化承诺，降低了RECP成员国间进口货物的税收成本，使各国企业在更加公平的税收环境下全面提升企业的竞争力，同时，也使更多的国家通过贸易的交流获得福祉的增进。

印度尼西亚、菲律宾、老挝、缅甸等东盟国家是矿产品出口大国，且主要出口国为中国、日本、韩国等RCEP成员国。据Resource Trade，东盟国家出口中国的有色金属量占出口总量的91%、稀土占出口总量的68%；出口到韩国的黄金占出口总量的80%；出口到中国、日本、韩国3国的煤占出口总量的45%。若矿产品贸易最终实现零关税，中国、日本、韩国等国从东盟国家进口矿产品的成本将显著降低，从而进一步扩大从东盟国家进口矿产品的数量；自贸区内的矿产资源贸易将变得更加频繁，矿产资源市场有望进一步扩大。

4.1.1.3 在原产地规则方面，RCEP自贸区内原产矿产品范围得到扩大，将显著提高协定优惠税率的利用率

RCEP在本地区使用区域累积原则，使得产品原产地价值成分可在15个成员国构成的区域内进行累积，来自RCEP任何一方的价值成分都会被考虑在内。例如，根据此前成员间双边自贸协定的原产地规则不能算作某国原产的某一种矿产品，经过区域价值累积后，将可能被认定为RCEP区域原产地，享受RCEP优惠关税。这将有助于跨国公司更加灵活地进行矿业产业布局，建立更精细更完善的矿业产业链分工体系，降低最终矿产品的生产成本，不仅有助于扩大RCEP成员之间的矿业贸易，还将极大地促进区域矿业供应链、价值链的深度融合和发展。

4.1.1.4 在竞争方面，RCEP自贸区内矿业贸易和矿业投资竞争将更加公正

RCEP竞争政策章节对竞争立法、竞争执法合作以及消费者权益保护等重点内容作出了规定，对执法规范化提出了一系列具体、明确、有约束力的要求。同时，RCEP还兼顾

了成员间发展水平的差异性，为文莱、柬埔寨、老挝、缅甸等国进行国内立法和完善监管体系提供了过渡期。RCEP竞争政策章节明确了各方须共同遵循的竞争立法和执法原则，有利于促进各方透明、公平和公正执法，同时规定了多种竞争执法合作形式，有利于各方加强竞争政策领域的交流合作。

这些规定对各方合作制止损害双边矿业贸易和矿业投资的垄断行为、营造良好的矿业贸易投资环境、促进矿业贸易投资自由化便利化具有重要意义。

4.1.1.5 在产业链融合方面，RCEP自贸区内矿业将形成良好的产业链闭环，促进区域矿业供应链、产业链的深度融合和发展

RCEP自贸区内矿业将形成良好的产业链闭环，中国、日本、韩国有先进的矿业开发技术，东盟国家有充足的劳动力和丰富的自然资源等，叠加区位优势、低物流成本，以及为相对欠发达成员设立了过渡保障机制，未来RCEP成员间生产联系将进一步增强，促进区域矿业供应链、产业链的深度融合和发展，并嵌入全球矿业产业链中。

4.1.2 RCEP为东盟矿业发展带来的挑战

4.1.2.1 东盟本土矿业企业将面临激烈的竞争

RCEP推动了自贸区内矿业投资自由化和便利化，将吸引大量外资矿业企业进入东盟国家进行矿业投资。同时，RCEP关于投资和竞争的章程将有效消除东盟各国对本国矿业企业相关的保护性政策，例如限制外资企业控股开发本国矿产、限制矿业企业利润转移、高额的矿业税收等政策。大型外资矿业企业掌握大量的资本和先进的技术，在与东盟本土矿业企业竞争中具有一定优势，必然导致东盟各国本土小型矿业公司或私人矿业公司的整合和优化。东盟各国本土矿业企业需要提高生产技术，加强与改善管理方式，不断提高生产经营效率等以迎接挑战。

4.1.2.2 东盟矿业投资环境有待进一步优化

一是东盟各国矿业政策强调矿业产业本土化。东盟各国根据自身国情制定了相应的矿业政策保护本土企业权益，但随着RCEP推进，这些“本土化”政策将在一定程度上限制优质的外商企业投资。二是东盟地区交通运输、工业供水供电等基础设施建

设有待进一步加强，以促进东盟矿业发展，吸引矿业投资。东盟各国在交通、水、电等基础设施建设方面发展不平衡，制约了矿业的发展。新冠肺炎疫情爆发以后，东盟成员国加快了对基础设施的投资，2015—2030 年估计每年投资将在 1100 亿 ~1840 亿美元之间，集中投资于运输、电力等领域，一旦中老铁路、泛亚铁路等开通，老挝“电力富国”政策获得发展，实现 RCEP 各成员国之间“设施联通”，将大大缩减矿产品的开发成本，提升全球竞争力。

4.2 东盟制定矿业发展规划积极应对新形势

自 2005 年起，东盟成员国开始联合制定东盟矿业合作行动计划（AMCAP），旨在为东盟经济发展贡献矿业力量。2021 年，东盟制定了《东盟矿业合作行动计划 2021—2025》（AMCAP-III Phase 2），推进区域矿业贸易和投资以及矿业可持续发展，积极应对 RCEP 为东盟矿业发展带来的机遇与挑战，适应区域矿业一体化发展的新形势。

4.2.1 东盟矿业合作行动计划内涵

东盟矿业合作行动计划共分为 3 个时期。分别为 AMCAP-I（2006—2010）、AMCAP-II（2011—2015）、AMCAP-III（2016—2025），其中 AMCAP-III 分为两个阶段，第一阶段为2016—2020年（AMCAP-III Phase 1），第二阶段为2021—2025年（AMCAP-III Phase 2）。

4.2.1.1 AMCAP-II 较 AMCAP-I 内容更加具体、更加注重落实

AMCAP-I、AMCAP-II 两个时期的总体方向一致，包含“促进、加强矿产贸易和投资，促进矿业环境与社会可持续发展，加强东盟矿产部门的机构和人才能力建设”3 个领域。与 AMCAP-I 相比，AMCAP-II 一是对 3 个领域进一步细划明确了具体实施内容，二是增加了各项具体实施内容的详细行动方针。

4.2.1.2 AMCAP-III 在 AMCAP-I、AMCAP-II 阶段的基础上增加了“东盟矿产数据信息系统”领域

“东盟矿产数据信息系统”（AMDIS）纳入了计划的重点内容。这意味着从 AMCAP-III

开始，东盟矿业发展逐步朝着矿业数据化、信息化趋势发展。而在原有的3个领域，则更加侧重从较为具体的活动向可持续发展的方向演变，AMCAP-III行动计划眼光更高远、视野更广阔，为矿业发展注入新的认识和理解。

4.2.1.3 AMCAP-III Phase 2在Phase 1的基础上注入了新的发展理念

两个阶段行动计划最大的区别在于4个方面：一是更加体现出开放合作的理念，促进东盟成为全球矿业投资目的地。二是矿业开发从可持续发展演进到致力于高标准的矿业治理和可持续发展并举。三是产业结构从绿地勘探向矿业全产业链、价值链扩展。四是人才培养更加注重矿业治理、绿色能源、低碳资源等领域综合能力。

4.2.2 AMCAP-III（Phase 2）促进区域矿业投资贸易和可持续发展合作

4.2.2.1 在矿产贸易和投资（TIM）计划领域，促进东盟成为矿产投资目的地

《东盟矿业合作行动计划2021—2025》促进对矿产价值链各个阶段的国内外公司的投资，在投资者和合作伙伴参与度以及提供东盟矿产开发的高质量信息方面采取持续改进战略。主要条款包括：①发布一致的矿产开发政策声明和目标，明确矿产行业当前和未来对经济、社会、环境和可持续发展的重要性，欢迎投资，并致力于高标准的矿产治理和可持续发展范围内的矿产开发；②确定投资的障碍和可持续矿产开发的障碍，并评估为克服障碍而采取的办法的优先性、透明性和一致性；③合作解决投资和贸易的障碍，采取符合全球矿产投资领先实践方法的贸易政策和法规，以促进营造稳定和有吸引力的环境；④在全球范围内与矿业协会和矿产公司合作，提供关于整个东盟和东盟成员国内矿产前景和投资环境的全面、一致和随时可用的信息；⑤促进国内外公司在矿产价值链各个阶段的投资，从绿地勘探开始，扩展到开发下游矿产价值链；⑥鼓励对矿产加工的投资，促进下游矿产开发的增值，形成区域矿产价值链，扩大开发新的矿产品市场，利用对新的、传统的商品和制成品的需求变化来应对矿产密集型的未来；⑦制定一系列举措，以持续改进政策，并提供东盟地质和政策前景方面的信息；⑧建立平台，交流信息，定期举办论坛，让东盟成员国矿产资源领域的商业部门和利益相关方参与，并与对话伙伴和先进采矿国家进行交流，以促进投资、采取

先进方法和建设治理能力。

4.2.2.2 在可持续矿产开发（SMD）计划领域，制定标准支持发展更全面的SMD框架和东盟矿业愿景，设计和采用非财政激励措施

可持续矿产开发（SMD）计划领域包括：与对话伙伴和相关国际组织合作，适应来自其他地区、国家和行业现有的领先实践的SMD框架，以达到东盟和成员国的要求。加强对东盟成员国SMD政策和实践的理解与支持，包括与整个矿产价值链上领先实践投资者的密切联系。与东盟成员国、地方政府、矿产投资者、非政府组织和民间社会组织建立对话，并建立对可持续矿产开发政策、目标、原则和实践的支持。为东盟国家创造机会，分享制定激励措施以鼓励采用SMD的实践经验，并在区域层面合作。提高两年一度的东盟矿产奖的知名度，将其作为一项区域性措施，以表彰SMD的最佳实践成果，发布文件以提高认识，探索“采取其他非财务激励措施以培养企业公民责任意识”的机会。

4.2.2.3 在矿产能力建设（CBM）计划方面，更加注重矿业治理、绿色能源、低碳资源等领域人才培养

矿产能力建设计划是东盟国家推进矿业发展的长期战略。一是在实施东盟区域能力建设的长期战略框架方面，获得高端智力支持和人才资源，以维持“矿业行动计划”的全面实施，并开发合适的知识管理平台。二是就矿产价值链和SMD的关键技术方面（包括先进技术和实践），加强合作伙伴和相关国际组织参与的网络、协作和知识交流，注重矿业治理、开发技术、管理应用、绿色技术、低碳技术以及信息化等领域的高端人才培养和国际化交流。三是在管理和监督AMCAP的有效实施方面，加强与对话伙伴和国际组织的接触，拓宽资金来源和技术资源。

在“东盟矿产数据信息系统”（AMDIS）计划领域，进一步优化信息系统，确保有效的信息和系统管理，提高数据质量和可用性。加强AMDIS的软硬件基础设施建设和优化，确保有效的信息和系统管理。提高AMDIS的内容和质量，以提供有价值的信息和矿产行业特定的数据，促进矿产开发投资（包括东盟地区的勘探投资和外国直接投资）。

4.3 主要资源国积极加入国际矿业治理协议

菲律宾加入《能源资源治理倡议》。2019 年 6 月 11 日，美国发布《能源资源治理倡议》，旨在促进全球范围矿业科学管理和完善灵活的能源矿产供应链。该倡议指出，对可再生能源、电动汽车和电池存储技术的需求日益增长，将导致对能源矿产的需求增加。美国将促使资源丰富的国家参与能源资源矿产治理，支持建立灵活的能源矿产供应链，满足对清洁能源技术的预期需求。目前该倡议共有 11 个成员国，分别是美国、加拿大、澳大利亚、巴西、阿根廷、秘鲁、博茨瓦纳、刚果（金）、纳米比亚、赞比亚和菲律宾。

印度尼西亚、菲律宾和缅甸加入《采掘业透明度倡议》。《采掘业透明度倡议》由英国于 2002 年 9 月发起，2003 年 6 月 17 日在伦敦正式实施，旨在促进对公共资源（石油、天然气和矿产资源）进行开放和负责任管理的全球标准，促进采掘业管理中透明度、实行问责制和良好治理。目前该倡议共 54 个成员国，其中东盟有印度尼西亚、菲律宾和缅甸 3 国。

4.4 主要资源国进行矿业政策调整促进矿业发展

东盟各主要资源国正采取一系列积极措施，促进国家经济复苏和社会稳定，在加大矿产资源勘查、开发和矿产品出口力度的同时，更加注重将矿业发展重点从勘查开发向矿产品深加工转变，拉长矿业产业链，提高产品附加值，以达到快速拉动经济复苏、增加中央和地方税收、创造更多就业机会，以及提升当地民众生活水平的目的。

4.4.1 老挝规范矿产资源开发流程，设置低税率以吸引外国投资

2017 年 11 月，老挝颁布最新修订的《老挝人民民主共和国矿产法》（新矿产法）。新矿产法明确了矿产资源的所有权与矿产资源区划；规定了普查、勘探、采矿阶段许可证有效期限分别为 2 年、3 年和 30 年；将矿业权分为 8 种类型，即合作勘探、实验性开采示范、探矿、可研区、采矿权、远景、省级砂金矿、省级矿业许可权。新矿业法同时

设置了能源、矿产业投资低税率，其中矿产营业税税率为 10%，利润税税率为 35%，矿产品不征消费税。

4.4.2 柬埔寨强化矿业领域环保标准和资源领域税收管理

2018 年，柬埔寨颁布《国家矿产资源政策（2018—2028）》，提出政府部门要制定矿业领域环保标准，加强矿山安全保障，促进矿产资源优化开采，建立自然保护区内矿业活动法定程序。2020 年 6 月 23 日，柬埔寨财政部及能源矿产部联合颁布了“控制和收取资源税收”的指令，资源包括石材、沙、土壤等；基础设施建设项目包括道路、桥梁、灌溉系统及电站等的建设。所有在柬埔寨涉及资源开发的开发商，无论是私人公司还是政府企业，均需获得能源矿产部的采矿许可证，并按规定缴纳税金。向能源矿产部申请采矿许可证 45 天后可获批复；如果是从市场购买，则必须从已拥有许可证的公司购买。政府制定这一法令是为了让资源领域的税收更加透明。

4.4.3 印度尼西亚禁止原矿出口，加强矿业产业链本土化；放宽矿业政策，优化外商投资矿业环境

2014 年 1 月起，印度尼西亚政府停止所有原矿出口。2017 年，印度尼西亚修订矿业法案，允许镍原矿出口，但是必须满足两个条件：其一是 30% 的冶炼产能必须用于加工低品位矿石；其二是在 5 年内必须完成印度尼西亚境内的冶炼项目建设，并要通过当地政府每 6 个月一次的建设进度核查。2020 年 1 月 1 日起，印度尼西亚政府再次执行镍原矿出口禁令。2020 年 5 月，印度尼西亚议会通过了对《矿产法》的修订案，允许在印度尼西亚建造冶炼厂的矿商在未来 3 年内出口原矿，但政府可以设立单独的法规禁止特定原矿的出口。2021 年 3 月，印度尼西亚政府起草了一份新能源电池产业“端到端发展计划”，拟成立一家国有控股公司，建设完整的新能源电池产业链。同时，印度尼西亚政府于 2021 年 9 月 9 日发布了关于矿产和矿业业务的 2021 年第 96 号新矿业法规（简称 GR 96 条例或新矿业法规），这是印度尼西亚政府自 2009 年发布《矿产与煤炭矿业法》、2020 年发布《矿产与煤炭矿业法修正案》之后又发布的一项重大矿业法规。GR 96 条例的最主要内容是取消了采矿业领域内外资所持股权比例的限制，并且放宽了外资剥离（撤

资）义务的履行期限，进一步完善了印度尼西亚矿业市场的外商投资环境。

4.4.4 马来西亚重视环保，致力于建设矿业全产业链

2016年初，由于违规开采以及库存跑漏等造成的水资源及环境污染问题，马来西亚宣布禁止一切采矿活动。2019年马来西亚取消了对铝土矿的开采禁令，并于同年9月宣布执行新的铝土矿开采和出口操作流程，即“每月铝土矿出口量限制在60万吨以内”，该流程先在彭亨州执行，后期逐步推行至马来西亚全国。2021年2月，马来西亚通过《2020—2030年国家矿产业转型计划》，计划以“基于可持续性原则在整个价值链中发展矿业”为使命，目标是通过治理与立法、技术应用与创新等手段，平衡矿业上、中、下游的发展，促进马来西亚矿业系统在未来10年内形成完整的价值链。

4.4.5 缅甸颁布新矿业法，优化矿业投资环境

2015年12月，缅甸对于1994年9月4日颁布的《矿业法》进行了修订，变化体现在：①将大型矿山项目的生产许可证的许可期限由25年延长至50年；②赋予勘探许可证持有人明确的生产许可权利；③中、小型矿山项目升级为大型项目者，允许外资和本地投资者建立合资企业；④指定单个生产许可证的生产标准；⑤为开展了地质勘探并完成可行性报告的公司提供有保障的生产许可证。

4.4.6 菲律宾解除露天采矿法令，以重振国内采矿业

2012年，菲律宾总统签署79号行政命令，同意执行该国政府提出的新矿业政策，即在议会就政府和采矿企业间收入分配方案达成一致前，暂停发放采矿证。2021年4月，菲律宾总统杜特尔特（Rodrigo Duterte）发布行政命令，取消停止颁发矿业执照的法令，这意味着菲律宾新矿业项目的投资大门重新打开。菲律宾政府现在可以通过环境和自然资源部订立矿产协议（MAs）、矿产生产共享协议（MPSAs）、金融或技术援助协议（FTAAs）、合作生产协议和合资协议等矿产协议。菲律宾环境和自然资源部矿山与地球科学局（MGB）于2021年8月2日发布了130号行政命令的实施细则和条例，为矿业项目的投资提供了关键的政策指引，如：①受理合格申请人对矿产协议的申请；②重新谈判现有的矿业合同和协议，以实现政府收入和生产份额的最大化；③审查和建议适当措施，

使现有共享方案和机制合理化；④严格执行矿山安全、环境和社会发展政策。2021年12月，菲律宾政府解除了为期4年的铜、金和多金属露天采矿禁令，以振兴其国内采矿业。

4.5 区域基础设施建设快速发展利好矿业投资

根据《“一带一路”国家基础设施发展指数报告（2022）》，2022年东盟地区基础设施发展指数为127，在“一带一路”7个区块中得分最高，表现出旺盛的基建需求、良好的基础设施发展环境、较高的基础设施投资热度以及基建成本优势。其中，印度尼西亚、菲律宾、马来西亚基础设施发展指数位居前三位。

4.5.1 东盟多国加大基础设施建设

印度尼西亚优先发展基础设施建设。印度尼西亚2022年基础设施发展指数为131，在“一带一路”国家中排名第一，与上年持平。印度尼西亚政府发布的《2020—2024年国家中期发展计划》明确把基础设施将作为优先发展项目。交通基础设施一直以来都是印度尼西亚基础设施投资的重点方向，交通基础设施的产值占全部基础设施行业产值的比重一直徘徊在60%～65%之间。印度尼西亚对交通基础设施的投资将保持持续增加的态势，在基础设施总产值中的比重也将进一步增加，预计2022—2030年年均增长6.6%。电力设施建设方面，2014年12月，佐科总统发布了未来五年建设3.5万兆瓦的发电项目的计划，改善国内电力供应，并促进农村发展；2019年，因环境和土地征用等因素，印度尼西亚国家电力公司（Perusahaan Listrik Negara，PLN）宣布，3.5万兆瓦的目标只完成了10%，未来将完成剩余的大部分发电项目，有力提高印度尼西亚国内的发电能力；之后3.5万兆瓦的发电项目计划将继续实施，政府将积极推动能源结构优化，未来将加大对水力和地热等可再生能源的开发利用。

马来西亚规划加快欠发达地区的公路、桥梁、铁路建设。马来西亚2022年基础设施发展指数为127，在“一带一路”国家中排名第三，较上年下降一位。马来西亚基础设施相对完善，电力方面，政府大力推动可再生能源发电项目建设；交通方面，尤其是欠发达地区的公路、桥梁、铁路建设预计将迎来较大发展机遇。2021年，马来西亚国会上议院通过《第十二个马来西亚计划》，该计划将拨款4000亿林吉特（907.44亿美元），主要聚焦重振受新冠肺炎疫情影响的经济，以增进社会福利、安全和包容性，并推动环境可持续发展，以期实现建设“繁荣、包容、可持续的马来西亚”的目标。根据《第十二个马来西亚计划》，马来西亚政府将着重支持6个欠发达州，用于提升基础设施水平、发展数字经济、改善教育和医疗条件等。

菲律宾重点推动完善吕宋岛公路网络、扩建农村道路，并推动一系列铁路项目建设。菲律宾2022年基础设施发展指数为129，在“一带一路”国家中排名第二，较上年上升一位。2017年4月18日，菲律宾政府在马尼拉举办的“杜特尔特经济学”论坛上推出“大建特建”基础设施建设计划。根据该计划，菲律宾政府拟在2017—2022年的6年间投资8.4万亿比索（1539.3亿美元）进行基础设施建设，相关项目超过30个，涵盖道路、桥梁、机场、铁路、港口、防洪设施等各个领域，菲律宾交通运输部主导了其中核心项目。为推动公共交通和关键交通基础设施建设，马科斯总统于2022年7月在其首份国情咨文中提出，基础设施建设仍将是新政府重点推动发展的关键领域，并将延续上届政府的“大建特建”规划。根据2022年菲律宾发展预算协调委员会制定的“未来六年基建计划”，菲律宾将重点推动完善吕宋岛公路网络、扩建农村道路，并推动一系列铁路项目建设。

4.5.2 区域交通设施逐步完善

中老铁路国际货运量突破300万吨。中老国际铁路通道（简称中老铁路，China-Laos Railway）连接中国云南省昆明市与老挝万象市，按中国国铁Ⅰ级标准建设，于2021年12月3日正式通车（图4.1a）。该铁路是首条以中方为主投资方，全线采用中国技术标准、使用中国设备并与中国铁路网直接联通的国际铁路，打通了连接老挝与中国、泰国及周边国家的运输大通道。通车以来，跨境列车和货运总量不断增加，截至2023年3月，国际货运总量突破300万吨。2023年4月13日，中老铁路跨境客运服务开始运营，极大便利了沿线民众出行，有力激活了沿线经济，为推动老挝变“陆锁国”为“陆联国”提供了稳定可靠的运输支撑，将助推中国－老挝逐步形成大物流、大市场、大开放新格局。

a.中老铁路　b.雅万高铁　c.中老高速公路万荣-万象段　d.马来西亚巴生港

图 4.1　区域重要交通设施示意图

雅万高速铁路全线铺轨完成。雅万高铁是中国和印度尼西亚务实合作的标志性项目，铁路全长 142 千米，连接印度尼西亚首都雅加达和第四大城市万隆（图 4.1b）。项目于 2016 年 1 月开工奠基，2023 年 3 月 31 日全线铺轨完成，已于 2023 年 10 月正式开通运营。作为印度尼西亚也是东南亚地区首条高速铁路，其最高运营时速 350 千米，雅加达到万隆的旅行时间由过去的 3 个多小时缩短至 40 分钟。雅万高铁通车后，极大改善了当地交通状况、带动了沿线产业开发，对助力当地经济和社会发展具有重要意义。

公路交通发展迅速。中老高速公路始于老挝首都万象，止于老中边境，全线设计约 440 千米，其中万荣－万象段（简称“万万高速”）全长 111 千米，已于 2020 年 12 月实现首段通车（图 4.1c）。柬埔寨金边－西哈努克港高速公路于 2019 年 3 月 2 日开工建设。菲律宾目前有 39 个主要道路项目处于施工阶段，估计价值 218 亿美元，2019 年该国公路建设行业增长率为 10%。印度尼西亚 2020 年规划了 9 条总长 380 千米的高速公路建设项目。

缅甸规划了仰光－曼德勒高速公路升级、仰光高架高速公路等公路项目。

海运港口设施升级。2014年，时任印度尼西亚总统佐科提出规模庞大的计划，宣布在2020年前升级24个港口，将印度尼西亚建成亚太地区的海运中心，其中丹戎不碌港（Port Tanjung Priok）扩建工程已经启动，预计吞吐能力将提升75%，满足未来5～10年需求。马来西亚计划扩大巴生港（Port Kelang，图4.1d）货物吞吐能力，并投资4.3亿美元升级丹戎帕拉帕斯港（Port Tanjong Parapath）。菲律宾启动了马尼拉港（Port Manila）及周边设施升级工程。泰国计划升级林查班港（Port Linchaban）。越南计划在海防附近新建港口，服务电子产业出口。缅甸计划在迪拉瓦经济特区新建港口。

5 中国—东盟矿业合作现状

5.1 中国—东盟矿业投资已取得积极成效

目前，东盟已成为中资矿业企业投资的热点地区，主要投资目标国为印度尼西亚、老挝、缅甸等，目标矿种包括镍、铝土、钾盐、铜、金等。东盟地区矿业投资涉及中资企业161家，其中央企14家、国企23家、民企124家（图5.1）；有96家中资企业从事镍、铜、金、锡、铝土、钾盐6个矿种的勘查开发，另有65家中资企业从事铁、宝石、油气、煤、石灰石等矿产的勘查开发。中资企业在印度尼西亚开展的红土型镍矿开发已形成世界级供应地。

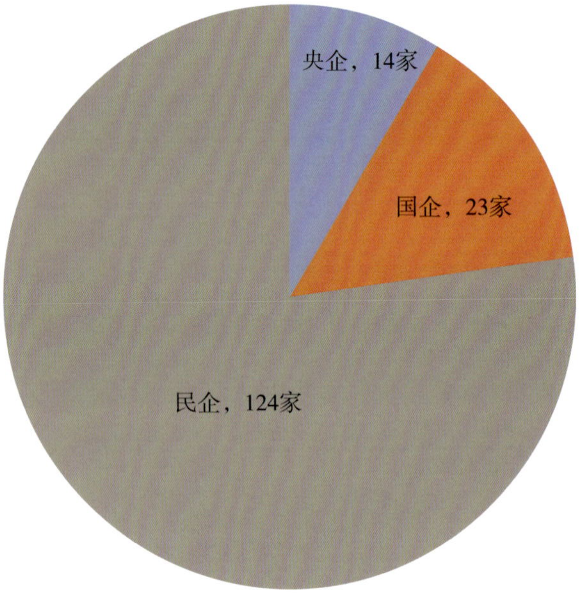

图5.1 中资企业赴东盟国家矿业投资数量

5.1.1 中印尼合作——印度尼西亚最大镍工业产业园

青山控股集团在印度尼西亚建设了2个镍工业园区项目。

5.1.1.1 印度尼西亚莫罗瓦利工业园区（IMIP）

印度尼西亚莫罗瓦利工业园区位于印度尼西亚中苏拉威西省莫罗瓦利（Morowali）县，总规划用地逾2000公顷，以整个镍产业链为主导，辐射带动产业集群。2013年10月，中国国家主席习近平对印度尼西亚进行国事访问期间，习近平主席和印度尼西亚总统苏西洛先生在雅加达共同见证了印度尼西亚青山园区设立以及首个入园项目签约。2015年5月，佐科总统视察园区，宣布首个入园项目年产30万吨镍铁厂正式投产。目前，园区建成全球首个集采矿、镍铬铁冶炼、不锈钢冶炼、热轧、冷轧及下游深加工产业链为一体的工业园，具有火力发电、物流码头等配套设施，其中发电厂装机容量总和2910兆瓦，码头年吞吐量已达到3500万吨，镍铁产能200万吨，铬铁产能100万吨，炼钢产能300万吨，热轧产能300万吨。2019年10月，首架员工出行飞机降落印度尼西亚青山园区机场，伴随着多条航线开通，极大缩短了往返园区的时间。

5.1.1.2　印度尼西亚纬达贝工业园区（IWIP）

印度尼西亚纬达贝工业园区位于印度尼西亚北马鲁古省哈马黑拉岛（Halmahera），占地2300公顷，是继莫罗瓦利工业园之后，青山集团在印度尼西亚建设的第二个工业园区。2017年6月，青山集团与法国埃赫曼集团签署合作协议，共同开发哈马黑拉岛的纬达贝（Weda Bay）镍矿。园区拥有世界级的镍矿资源，园区一期工程包括12条火法（RKEF）镍生产线和1个湿法（HPAL）镍冶炼工厂。园区镍年产能约10万吨，已投产的矿业企业包括纬达贝镍业有限公司（年产3万吨镍金属），雅石印度尼西亚投资有限公司（年产3.5万吨镍金属）和印度尼西亚友山镍业有限公司（年产3.4万吨镍金属）。园区同时配套了火力发电机组和7.5万吨码头1个、5万吨码头3个，着力建成以镍铁产业链为主导的产业集群。

5.1.2　中印尼合作——印度尼西亚氧化铝厂项目

中国宏桥集团有限公司非全资附属公司Well Harvest Winning，拥有现今印度尼西亚仅有的两个氧化铝厂之中的一个。中国宏桥集团有限公司、印度尼西亚哈利达集团（PT Cita Mineral Investindo Tbk.）和赢投资（香港）有限公司共同投资10亿美元建设，三者分别占股61%、30%、9%。项目规划建设年产200万吨的氧化铝生产线，并同步建设电厂、码头等配套设施。其中年产量100万吨的一期工程于2016年完工正式投入运营。目前正在建设二期工程——年产量100万吨的氧化铝厂。

5.1.3 中老合作——老挝钾肥生产项目

5.1.3.1 亚钾国际钾盐项目

中农国际钾盐开发有限公司（亚钾国际）于2006年开展老挝甘蒙省农波钾盐矿的勘查开发工作，并于2009年3月获得东泰矿区35平方千米的“开采许可证”。2011年11月，老挝钾盐项目十万吨验证工程完成工艺优化、技改的工业化摸索，正式转入工业化生产阶段。目前，亚钾国际已取得老挝甘蒙省263.3平方千米、折纯氯化钾资源量超10亿吨的钾盐矿权。2022年3月，公司在老挝的第一个百万吨改扩建项目达产；2023年1月，公司200万吨钾肥项目投料试车成功，成为我国境外首个200万吨级的钾肥项目，也是东南亚地区最大规模的钾肥项目。2023年3月，亚钾国际与老挝政府在万象签署“亚钾国际甘蒙省智慧型循环工业园”项目备忘录，就推动工业园区建设发展达成共识。该工业园划分为钾肥工业园、非钾工业园和亚钾小镇三部分，预计总投资规模43.1亿美元。项目投入运营后，预计每年将为老挝带来约3.2亿美元财政收入。

5.1.3.2 老挝开元钾盐项目

老挝开元矿业有限公司（老挝开元）于2009年成立并取得老挝甘蒙地区195平方千米的钾盐探矿权。2011年，一期50万吨产能项目正式开工。2014年3月，矿山工程与地面加工厂建设工程全面完成，全系统生产贯通；同年8月，第一船老挝开元海外自产钾肥运抵中国港口，获得了中老两国政府的高度肯定。目前，项目氯化钾产量稳定在48万吨左右，产品主要销往中国、印度、越南、泰国、马来西亚、新加坡等东南亚国家；项目正在开展二期100万吨产能项目建设。

上述两个项目是目前中国海外钾盐项目中仅有的两个形成持续产能的项目，取得了较好的经济效益，极大地提升了当地居民就业水平，为老挝经济社会发展提供了重要支撑。

5.1.4 中缅合作——亚洲最大湿法铜矿项目

缅甸蒙育瓦铜矿项目位于缅甸联邦西北部实皆省南部蒙育瓦镇，距离缅甸第二大城市曼德勒120千米。该项目总投资额16亿美元，是“一带一路”建设重大项目、中缅合作重点项目，也是目前亚洲最大的湿法炼铜矿山项目。项目由中国万宝矿产有限公司与缅甸政府共同建设，分为莱比塘、萨比塘和七星塘矿段。莱比塘矿段保有铜资源量 540 万吨，2010 年在中缅两国政府总理见证下签署开发协议。项目采用露天采矿、生物堆浸、萃取、电积工艺，项目总投资 10.9 亿美元，设计年产阴极铜 10 万吨，2016 年 3 月建成投产，2018 年实现达产。萨比塘和七星塘矿段保有铜资源量 143 万吨，2011 年 4 月，在中缅两国领导人的见证下，公司与缅方正式签署合作开发协议。2014 年底，新萃取电积车间投产，阴极铜产能扩大至 5 万吨 / 年。项目总投资 4.6 亿美元，2016 年进入稳产期。

5.1.5 中缅合作——缅甸唯一的红土型镍项目

缅甸达贡山镍矿项目位于曼德勒省，是中缅两国矿业领域的重要合作项目，也是缅甸目前唯一的红土型镍项目。2004 年 7 月，在中缅两国总理的见证下，中国有色矿业集团有限公司与缅甸矿业部第三矿业公司签署了缅甸达贡山镍矿项目勘探与可行性研究协议。项目 2009 年开工建设，2011 年 3 月正式投入使用。该项目总投资超过 8.2 亿美元，占地面积 2200 公顷，镍资源量 70 万吨，平均品位 1.9%，集采矿和冶炼为一体，镍铁产能为 8.5 万吨 / 年。

5.2 中资矿业企业履行社会责任

5.2.1 中资矿企助力地方发展

万宝矿产（缅甸）铜业有限公司履行社会责任，赢得赞誉。根据万宝矿产有限公司与缅方签订的合同，蒙育瓦铜矿项目建设期内，万宝矿产（缅甸）铜业有限公司每年投入 100 万美元用于企业社会责任和社区帮扶项目，项目投产进入运营期后，公司每年支出净利润的 2% 用于公益事业。公司秉承“共商、共建、共享”原则，与当地民众、社区互利共赢、和谐共生，为当地民众开办养鸡场、矿泉水厂、砖厂、PE 管厂等中小企业项目，积极履行社会责任，赢得赞誉。2019 年 4 月，万宝矿产（缅甸）铜业有限公司和云南民族大学合作共建澜湄国际职业学院（缅甸万宝分院），响应了缅甸政府加强职业技能培训的号召，将为缅甸培养出更多社会急需的人才。

青山控股集团强调生态环保、节能减排，助力社区发展。青山控股集团在印度尼西亚投资建设的青山工业园、莫罗瓦利工业园等产业园区不仅促进了当地经济发展，增加了当地的税收收入，提供就业岗位，还通过赠物、送电、捐资、助学、助医等多种方式积极践行企业社会责任，实现多方互利共赢。青山园区每年为当地贡献税收超过 2 亿美元，为当地创造直接就业岗位逾 3.6 万个、间接就业岗位逾 6 万个。同时，青山集团积极参与援建当地医院、学校和其他基础设施建设，并提供矿业、纺织、养殖等培训活动；主动落实矿区复垦和复绿工作，树立当地环保意识，参与当地植树活动，为保护当地生态环境献力献策。青山控股集团开拓了矿区就地建厂的新模式，每年节省的海运能耗相当于 9.5 亿千瓦时电量，在生产经营的同时，实现最大限度的节能减排。青山控股集团首创全球第一条 RKEF-AOD 全程热送一体化不锈钢生产线，不仅降低了能源消耗，更减轻了各类排放对环境的影响，改变了不锈钢生产的传统模式，实现了镍铁和不锈钢一体化生产的历史性突破，为全球不锈钢冶炼节能减排树立了标杆。

赤峰吉隆黄金矿业股份有限公司（赤峰黄金）注重扶贫、文化保护，全方位助力当地社区发展。自 2003 年开始运营以来，赤峰黄金老挝色潘铜金矿通过提供就业、培训、地方商业项目等为老挝社会经济发展带来数亿美元的间接收益。赤峰黄金建立了社区信托基金，累计投资超过 1300 万美元的资金用于支持 583 个项目，包括建立学校、医院、诊所，采购医疗用品，改善卫生状况和供水设施，修建道路、厕所以及通过发展灌溉等项目促进农业生产。赤峰黄金在当地建立了弱势群体援助基金，已投资超过 320 万美元，通过提供参与性方案，让当地村民进行选择、实施并且自主拥有提供生计的项目，惠及色潘矿区附近的 47 个社区。通过与老挝信息、文化及旅游部、老挝国立大学、澳大利亚詹姆斯 - 库克大学的特别合作项目，累计投资超过 150 万美元，用于老挝国家考古研究和文化遗产保护工作。赤峰黄金累计投资超过 5400 万美元用于未燃爆弹药清除，清理超过 5700 公顷土地，销毁超过 58500 件未燃爆弹药，有效地保护了弹药现场的安全，同时也保护了当地居民的安全。

亚钾国际注重绿色和智慧矿山开发，助力经济和民生发展。亚钾国际坚持“绿色矿山”

发展理念，在老挝钾盐项目开发过程中，坚持实施 HSE（健康 Health，安全 Safety，环保 Environment）三位一体的管理体系，确保了厂区长期安全、环保、平稳地生产经营，并在此基础上开展了一系列有利于当地经济发展和民生建设的社会行动，包括帮助周边村庄修建学校、铺路架桥、改善水质以及创造当地就业机会、加强中老融合、改善员工生活等，致力于将老挝钾盐基地建设成为美丽的“花园工厂”、中老员工的“幸福家园”，得到了老挝当地政府的高度赞扬。

江苏德龙镍业有限公司重视公益，尽显企业担当。2022 年 9 月，印度尼西亚苏拉威西岛北莫罗瓦利县，由江苏德龙镍业有限公司主导建设的德龙工业园投资约 333.45 亿盾（约合 1500 万元人民币）修建的龙跃大桥落成，邻近村民通勤时间由 2 小时缩短至 20 分钟。这座桥被当地民众亲切地称为“团圆桥”。德龙工业园设立基金，为印度尼西亚肯达里洪涝灾害、巴鲁 7.4 级地震、抗击新冠肺炎疫情等累计捐赠价值超过 666.89 亿盾（约合 3000 万元人民币）的物资。德龙镍业有限公司重视公益事业，用实际行动回馈印度尼西亚社会，传递温暖与爱心。

近年来，随着中国与东盟国家经贸合作关系不断深化，越来越多中资企业到东盟国家开拓事业。这些企业在实现自身发展的过程中，积极践行社会责任，携手抗疫、服务社区、救灾救援、资助学生、扶贫济弱……这些务实举措拉近了中资企业与当地民众的邻里亲情。

5.2.2 中资矿企支持当地抗击新冠肺炎疫情

2020 年初，全球突发新冠肺炎疫情（COVID-19），东盟各国中资矿业企业纷纷向当地政府和民众伸出援手，共同携手抗击疫情。青山控股集团会同浙江华友钴业股份有限公司、格林美股份有限公司、振石控股集团有限公司、广东邦普循环科技有限公司等公司，通过青山慈善基金会向印度尼西亚政府捐赠包括防护服、护目镜、口罩、手套等价值 886 万元人民币的抗疫物资。中农钾肥有限公司分别向老挝防疫专委会、中老友好协会、甘蒙省防疫专组等政府机构捐赠总价值 4 亿基普的新冠肺炎疫情防疫物资。金川集团股份有限公司向印度尼西亚马鲁古省捐赠 10 万个防护口罩和 100 套防护服。浙江华友钴业股份有限公司通过青山慈善基金会向印度尼西亚国家海洋事务与投资统筹部定向捐赠1000台医用制氧机，物资价值合计295万元人民币。江苏德龙镍业有限公司主导建设的德龙工业园为保障抗疫一线氧气供应，向印度尼西亚各界捐赠氧气超过600吨，捐赠1200台10升制氧机以及大量一次性口罩、检测试剂盒、测温枪等防疫物资和生活必需品。

中资矿业企业秉承疫情面前休戚与共、全球生命共同体的理念，向东盟国家捐赠大量防疫物资，体现了企业的社会责任和中国情谊。

6 中国—东盟矿业合作展望

6.1 中国—东盟矿业发展迎来新机遇，区域矿业经济迈入新发展阶段

随着中国—东盟经济一体化发展，矿业作为东盟经济发展重要产业，将持续发挥强大引擎作用，推动东盟工业化转型发展，矿业领域合作机遇将不断显现。一是东盟国家镍、锡、铝土、稀土等资源丰富、潜力巨大，为区域矿业发展提供了坚实的资源基础。二是 RCEP 的正式运行带来矿业投资和矿产品贸易自由化、便利化的红利，促进区域矿业供应链、价值链的深度融合，推动区域矿业一体化发展。三是《东盟矿业合作行动计划 2021—2025》（AMCAP-III Phase 2）为东盟矿业可持续发展提供顶层设计，制定更全面的可持续矿产开发框架和发展愿景，为国际矿业投资合作奠定良好的政策基础。四是东盟主要资源国通过放松矿业管制、吸引国际投资，推动本国矿业行业发展，促进经济恢复。五是东盟各国改善基础设施，优化道路、能源和通信网络，中国—东盟基础设施互联互通明显改善。抓住东盟矿业合作新机遇，将构建东盟投资贸易互联互通新格局，带动东盟矿业经济进入新发展阶段。

6.2 全球面临百年未有之大变局，中国—东盟矿业发展命运共同体逐渐形成

当下，全球面临百年未有之大变局，政治经济格局正在发生深刻变化，矿产资源产业和供需格局正加快重塑，全球矿业面临前所未有的挑战和机遇。中国与东盟加强战略规划对接，以和平合作、开放包容、互学互鉴、互利共赢为核心，打造更高水平的中国—东盟矿业合作伙伴关系。一是东盟 +3 矿业高官磋商会、中国—东盟矿业合作论坛等平台持续推动中国与东盟各国矿业主管部门开展矿业政策对话，增进发展战略沟通，推动签署和落

实双边、多边合作框架协议，为国际矿业合作提供政策支持；二是中国—东盟地学合作中心不断推进中国与东盟各国在地学研究、地质调查、矿业投资、人才能力建设等方面的多（双）边合作，协调解决共同关注的重大问题，推动完善地学、矿业合作平台建设；三是RCEP推动中国—东盟矿产品贸易自由化和矿业投资便利化，消除贸易壁垒，降低交易成本，优化营商环境，形成开放稳定的国际矿业市场；四是基础设施建设合作不断深化，泛亚铁路规划逐步实现，一系列高速铁路、海运港口、高速公路、水电站建设合作项目正在实施，为区域矿业发展提供支撑。

6.3 矿业产业本土化进程加速，中国—东盟矿业全产业链合作逐步加强

全产业链发展是东盟矿业发展的必然趋势。东盟国家正致力于将矿业发展重点从勘查开发向矿产品深加工转变，拉长矿业产业链，提高产品附加值，坚定推动资源优势转化为产业优势。一是中国与东盟各国地矿部门找矿勘查合作不断加强，聚焦镍、锡、钾盐、铝土、铜、金等东盟优势矿产，开展了关键成矿带成矿规律研究与找矿勘查，力争实现找矿新发现，为东盟矿业发展提供资源基础；二是中国—东盟矿业产业联盟有望建立，中国—东盟地学信息大数据平台建设正在稳步推进，将有效促进中国—东盟矿业信息共享与产业协同，共同推进矿业国际产能合作；三是中国—东盟国家合作建立产业园推动矿业产业链发展，例如：中国－印度尼西亚莫罗瓦利工业园和纬达贝工业园区已成为全球红土镍供应基地，有效推动了印度尼西亚新能源电池产业发展。

6.4 矿业企业践行环境、社会责任及公司治理（ESG）发展理念，矿业行业管理不断强化

近年来，ESG被国际资本市场作为评估企业可持续发展能力的重要考核指标，正逐渐成为矿业得以持续发展的关键要素和恒久主题，形成与资源量并重的“第二轮驱动”。随着中国—东盟矿业合作深化，矿业企业将不断践行ESG发展理念以适应国际可持续发展浪潮。一是矿业公司正不断加强矿业行业ESG标准研究，推动区域矿业ESG评级体系建

设，形成统一的ESG信息披露标准框架；二是中国与东盟在矿产资源开发过程中平衡经济价值和环境效益，将水、土地、能源、生态系统等自然因素作为环境管理的要素，不断完善矿业开发环境管理体系；三是矿业企业注重提升企业社会责任感，聚焦员工健康和安全管理，解决员工诉求，通过多种方式创造本地就业机会，充分融入当地经济社会发展；四是矿业企业促进ESG因素与企业战略的深度融合，制订了完备的ESG政策体系，强调公司治理的规范化和有序性。

6.5 绿色低碳矿业发展合作新模式有待构建，实现矿产资源可持续开发利用

随着低碳革命的持续推进，中国—东盟矿业行业要实现绿色低碳发展目标，对产业结构、矿产开发技术、绿色低碳政策体系等方面提出了更高的要求。一是中国—东盟亟需联合制定促进矿业实现碳中和目标或减排的政策，建立降碳、治污、增绿、增长的矿业协同发展机制；二是不断实现技术创新降低碳排放，优化工艺流程，淘汰落后产能、工艺和技术，降低资源开发自身的能耗，鼓励节能设备、节能技术的研发与推广，减少矿产采、选、冶过程碳排放；三是加强矿山环境治理和生态修复，实现环境扰动最小化和生态再造最优化；四是推进清洁能源和新兴矿产开发合作，加强地热、天然气水合物、干热岩等清洁能源的开发利用，发挥东盟国家镍、钴等矿产资源优势，大力发展新能源汽车产业；五是合理利用碳交易市场或称碳排放权交易市场机制，控制和减少温室气体排放、推动经济发展方式绿色低碳转型。

参考资料

一、权威机构统计数据、年报

商务部国际贸易经济合作研究院 . 2023. 对外投资合作国别（地区）指南 . “走出去”公共服务平台（https://user.mofcom.gov.cn/）. 商务部国际贸易经济合作研究院《对外投资合作国别（地区）指南》.

中国地质调查局 . 2023. 全球矿产资源储量评估报告 2023. https://www.cgs.gov.cn/xwl/ddyw/202307/t20230708_738269.html.

ASEAN Secretariat. 2023. *ASEAN Investment Report 2022* // ASEAN Statistical Yearbook 2022. https://www.aseanstats.org/category/yearbook/.

U.S. Geological Survey. Commodity Statistics and Information. https://www.usgs. gov/programs/mineral-resources-program/science/mineral-commodity-statistics-and-information.

U.S. Geological Survey National Minerals Information Center. *Minerals Yearbook - Metals and Minerals*. https://www.usgs.gov/centers/national-minerals-information-center/minerals-yearbook-metals-and-minerals.

World Bureau of Metal Statistics. *World Metal Statistics Yearbook 2022*. http：//www.world-bureau.com/index.html.

标普矿业数据库（SNL）https：//www.snl.com.

万德数据库（Wind）https：//www.wind.com.cn.

二、主要文献

陈永清，刘俊来，冯庆来，等 . 2010. 东南亚中南半岛地质及与花岗岩有关的矿床[M]. 北京: 地质出版社，76-89.

郭林楠，刘书生，聂飞，等.2022. 老挝琅勃拉邦－泰国黎府成矿带古特提斯构造－岩浆演化与金铜成矿作用［J］. 沉积与特提斯地质，42（2）：228–241.

刘书生，杨永飞，郭林楠，等.2018. 东南亚大地构造特征与成矿作用［J］. 中国地质，45（5）：7–33.

Deng J，Wang Q F，Li G J，et al. 2014. Tethys tectonic evolution and its bearing on the distribution of important mineral deposits in the Sanjiang region，SW China［J］. Gondwana Research，26（2）：419–437.

Hall R. 2011. Australia SE Asia collision: Plate tectonics and crustal flow [J]. Geological Society London Special Publications, 355（1）: 75–109.

Hall R，Spa km an W. 2015. Mantle structure and tectonic history of SE Asia［J］. Tectonophysics，658：14–45.

Khin Zaw，Meffre S，Lai C K，et al. 2014. Tectonics and metallogeny of mainland Southeast Asia：A review and contribution［J］. Gondwana Research，26：5–30.

Metcalfe I. 2013. Gondwana dispersion and Asian accretion：Tectonic and palaeogeographic evolution of eastern Tethys［J］. Journal of Asian Earth Sciences，66：1–33.

Qian X，Feng Q L，Wang Y J，et al. 2016. Geochronological and geochemical constraints on the mafic rocks along the Luang Prabang zone：Carboniferous back–arc setting in northwest Laos［J］. Lithos，245：60–75.

Shi M F，Khin Zaw，Liu S S，et al. 2021. Geochronology and petrogenesis of Carboniferous and Triassic volcanic rocks in NW Laos：Implications for the tectonic evolution of the Loei Fold Belt［J］. Journal of Asian Earth Sciences，208（71）：104661.

Wang Y J，Qian X，Cawood P A，et al. 2018. Closure of the East Paleotethyan Ocean and amalgamation of the Eastern Cimmerian and Southeast Asia continental fragments［J］. Earth Science Reviews，186：195–230.

后 记

中国与东盟地缘相近、人文相通，自1991年建立对话关系以来，双边关系稳步发展。2010年，中国—东盟自由贸易区（CAFTA）正式启动；2020年11月15日，包含东盟十国与中国、日本、韩国、澳大利亚、新西兰在内的全球规模最大的自由贸易协定——《区域全面经济伙伴关系协定》（RCEP）正式达成；2021年11月22日，习近平主席在中国—东盟建立对话关系30周年纪念峰会上同东盟国家领导人正式宣布建立全面战略伙伴关系，中国—东盟关系的含金量大幅度提升。东盟近年来经济发展迅速，和中国互为第一大贸易伙伴。矿业是东盟经济发展的重要产业，也是东盟矿业吸引外国直接投资的重要领域。已有一百余家中资企业在东盟国家开展矿产资源投资合作，中国—东盟矿业合作日趋紧密，中国—东盟国家矿业合作发展研究具有重要意义。

本项研究在自然资源部中国地质调查局的指导下，由中国—东盟地学合作中心、中国地质调查局国际矿业研究中心、中国地质调查局成都地质调查中心联合完成。研究小组在近年来野外调研、资料梳理工作的基础上，进一步通过政府部门和行业机构收集资料，开展数据分析和报告编写，同时吸纳中国地质调查局国际矿业研究中心各专业研究所和区域研究所专家的意见建议，最终完成本书。

本书分为东盟经济发展概况、东盟矿产资源概况、东盟矿业发展动态、东盟矿业投资环境、中国—东盟矿业合作现状、中国—东盟矿业合作展望6章。编写过程中，得到中国地质调查局科技外事部、中国地质调查局发展研究中心、中国地质调查局全球矿产资源战略研究中心、中国矿业报社相关领导的大力指导和帮助，多次组织研讨，推进编写工作。夏鹏、李军、李建星、任收麦、邹谢华、王高尚、李建武、朱清、任军平、周永恒、马中平、王天刚、胡鹏、韦启锋、王海元、康旭等专家为本书编写提出了宝贵意见。在此一并致谢！

本书所有数据均来源于官方机构，包括我国的自然资源部、中国地质调查局及其国际矿业研究中心各研究所，以及相关各国统计部门和地质矿产主管部门官方网站、世界银行、国际货币基金组织、世界金属统计局、标普全球市场财智、Resource Trade数据库、Statista全球统计数据库、Wind数据库等多个政府机构、国际组织、行业协会、数据智库、企业等，数据截至2023年9月底。受篇幅所限，数据来源未一一列出，敬请谅解。

本书作为中国研究机构首次发布的中国—东盟矿业合作发展研究成果，内容仅代表研究机构观点，相关数据、结论仅供参考，不构成任何投资和决策建议。不足之处，敬请批评指正。

编委会

2023年12月

China-ASEAN Mining Cooperation and Development Research

Liu Shusheng　Guo Linnan　Zhang Hong
Yang Yongfei　Liang Huimin　Wu Songyang

Geological Publishing House
· Beijing ·

RCEP accelerates ASEAN mining industry development

On November 15, 2020, ASEAN member states and China, Japan, Republic of Korea, Australia and New Zealand officially signed "Regional Comprehensive Economic Partnership" (RCEP), representing a formal conclusion of the world's largest free trade agreement. The RCEP agreement came into force on January 1st, 2022, and ASEAN has become one of the most dynamic and promising regions for global economic development. As one of the important pillar industries in ASEAN member states, mining has ushered in a historical opportunity of rapid development. ASEAN has been accelerating its adaptation to the new situation led by the RCEP agreement, and has formulated the *ASEAN Mining Cooperation Action Plan 2021–2025* (AMCAP-Ⅲ Phase 2). The development of ASEAN mining will have a profound impact on the global resource governance system.

1) RCEP agreement is accelerating the integrated development of region of ASEAN economy, and brings new opportunities to ASEAN's mining economy. With the global economic recovery and the signing of RCEP, the ASEAN economy experienced a growth of 3.4% in 2021. RCEP further promotes regional economic integration and integration of local industrial and value chains, and promote the establishment of a new pattern of open regional economic integration development. As one of the important industries in ASEAN member states, mining will enjoy the advantages brought by RCEP in investment and the liberalization and facilitation of mineral product trade, ushering in new development opportunities.

2) The mining industry is an important industry for ASEAN economic development. The mining development level of ASEAN member states is generally high. In 2021, the mining output value accounted for more than 4% of GDP, in Malaysia, Indonesia, Vietnam and Laos, respectively. Brunei, which mining output value is equivalent to 38.3% of GDP, is a relatively developed country in mining industry. Singapore is the third largest oil refining and trading

center in the world. According to the *ASEAN Statistical Yearbook 2022*, foreign direct investment (FDI)for the ASEAN mining industry achieved $3.55 billion in 2021 and accounted for about 2.0% of their whole FDI, is the important industry of regional economic development.

3) ASEAN is rich in mineral resources including nickel, tin, REE, potash and bauxite, providing a solid foundation for ASEAN mining industry development. ASEAN member states have 32.21 million tons of nickel reserves, accounting for 34.2% of the global total reserves, ranks 1st in the world. Tin reserves are 718 thousand tons, accounting for about 22% of the global reserves. Bauxite reserves amount to 5.98 billion tons, accounting for 39.1% of the total global reserves. Potash reserves are 2.02 billion tons, accounting for 13.5% of the total global reserves. REE reserves are 11.95 million tons, accounting for 8.4% of the total global reserves. Grasberg copper mine in Indonesia is the largest in Asia and one of the top ten copper mines in the world, with resources of 39.69 million tons.

4) The production of ASEAN's nickel and tin dominated the global supply, which has an important position in the global supply chain. In 2021, ASEAN member states produced nickel of 1.45 million tons, accounting for 54% of the total global production. Indonesia and the Philippines are the world's top two nickel producers, with nickel production of 1.043 million tons and 386 thousand tons, accounting for 38.8% and 14.4% of the total global production, respectively. ASEAN member states produced 100 thousand tons of tin, accounting for 28.0% of the global output. Indonesia and Myanmar are the second and third largest tin producers in the world, with outputs of 60 thousand tons and 29 thousand tons,respectively. In 2021, ASEAN member states exported 43.38 million tons of nickel ore, 3.59 million tons of ferronickel, and 95 thousand tons of tin and related products, accounting for 93.6%, 84.4% and 44.2% of the total global exports.

5) Mineral exploration and mining industry investment are recovering in ASEAN, generally focusing on gold, copper and nickel. The exploration investment of solid minerals in ASEAN member states was as low as $140 million in 2018 and has been gradually growing again to $208 million in 2022, which was mainly contributed by the traditional mining country−Indonesia. In 2022, the investment in gold, copper and nickel exploration in ASEAN was $118 million, $43 million and $39 million, accounting for 56.98%, 20.67% and 8.3%, respectively. The investment

generally remained stable compared with previous years. Intermediate and junior mining companies have higher exploration investment (59.55%) in local region compared to major companies. The mine exploration investment during production was $128 million (60.03%), while the investment in grassland exploration was relatively low.

6) *ASEAN Mining Cooperation Action Plan 2021–2025* (AMCAP-Ⅲ Phase 2) promotes ASEAN as a global mining investment destination. The investment environment in ASEAN shows an obvious trend of improvement, with localization and social responsibility as the main characteristics of the new mining policies. ASEAN formulated the *ASEAN Mining Cooperation Action Plan 2021–2025* (AMCAP-Ⅲ Phase 2) to provide top-level design for the sustainable development of ASEAN mining industry and promote the development of mining data and informatization. The mining policies of ASEAN resource countries such as Indonesia, Malaysia and the Philippines have been gradually loosening during the pandemic of COVID-19, increasing investment in mineral resources exploration and exploitation, as well as in the export of mineral products. At present, localization demand of supply chain and value chain of mineral resources is getting stronger. Some ASEAN member states, thus, have also mentioned in their new mining regulations and policies to encourage local enterprises to invest in mining downstream industries, in order to promote localization of mining industry chain.

7) Chinese mining enterprises actively participate in mining investment and cooperation in ASEAN member states, making positive contributions to their economic and social development. There have been 161 Chinese enterprises carrying out mining investment cooperation in ASEAN member states, mainly engaged in exploration, mining, smelting and other activities on nickel, bauxite, potash, copper and gold minerals. In 2022, bilateral trade volume between China and ASEAN was $975.3 billion, with the highest increase rate of 11.2%. Among them, the export in 2022 was $567.29 billion (increase rate of 17.7%), imports was $408.05 billion (increase rate of 3.3%). Foreign direct investment (FDI) of China to ASEAN member states was $13.8 billion in 2021. Chinese mining enterprises have been providing a large number of local jobs and tax revenue, actively fulfilled social responsibilities such as environmental protection and public welfare. They supported the governments to fight against the COVID-19 pandemic, and promoted the sustainable development of local economy.

8) China and ASEAN show great prospects on future mining cooperation. China-ASEAN cooperation on mineral exploration is deepening these years, which will provide a solid resources foundation for regional mining development. RCEP and AMCAP-Ⅲ Phase 2 have provided policy basis for the development of China-ASEAN mining cooperation. Better investment environment can be expected, due to the loosening of mining investment access and mineral products export policy, and continuous improvement of infrastructure. China-ASEAN should aim to peaceful cooperation, openness, inclusiveness, mutual learning and benefit, to build a community of shared future for China-ASEAN mining cooperation and development.

We believe that RCEP helps to promote regional development, and will also promote the rapid development of ASEAN mining industry. In the short term, with the end of the COVID-19 pandemic, ASEAN member states are urgent for economic recovery. As one of the main suppliers of global mineral resources, ASEAN member states are taking active measures to increase the exploration and exploitation of mineral resources. They attract international investment in mining, and promote trade in mineral products, so as to help the rapid economic recovery and social stability. In the medium and long term, mining industry in ASEAN member states will enter a period of great opportunities brought by RCEP. Major resource countries in ASEAN, on the one hand, will accelerate the transformation from mining only to deep processing, improve the added value of mineral products, and reconstruct regional mining supply and industrial chains; on the other hand, there will be increased focus on the development of green and low-carbon mining industry, and actively promotes the sustainable development of mineral resources.

Editorial Board

December 2023

Contents

1 ASEAN Economic Development Status

The Association of Southeast Asian Nations (ASEAN) was established in Bangkok, Thailand on August 8, 1967, and has 10 member states including Brunei, Cambodia, Indonesia, Laos, Malaysia, Myanmar, the Philippines, Singapore, Thailand and Vietnam. The ASEAN Secretariat, headquartered in Jakarta, Indonesia, is responsible for coordinating inter-governmental plans and actions of ASEAN member states to enhance cooperation in various fields with greater efficiency.

ASEAN connects the Pacific Ocean with the Indian Ocean and is located at the "crossroads" between Asia and Oceania, with a total area of about 4.49 million square kilometers and a population of 664 million. ASEAN has established free trade zones with 6 countries, including China, Republic of Korea and Japan etc, and China, Japan, Republic of Korea, India, Russia, Australia, New Zealand, the United States etc have successively joined the *Treaty of Amity and Cooperation in Southeast Asia* and established the "10+1" "10+3" and "10+8" mechanisms around ASEAN. For decades, the economy of ASEAN still maintain a trend of rapid development, becoming one of the most dynamic and promising regions for economic development in the world.

1.1 ASEAN is the world's fifth largest economy entity

In 2019, ASEAN jumped to become the fifth largest economy entity in the world, with a GDP of $3.2 trillion, accounting for 3.6% of the global economy. The economy grew by 3.4% in 2021, with a GDP of $3.3 trillion. ASEAN's total trade volume in goods reached $3.3 trillion, and the trade volume of some key demand products during epidemic has increased, foreign direct investment has attracted $179.2 billion, and Malaysia, Philippines, Thailand and other countries have achieved significant growth in investment. It has largely returned to pre-pandemic levels by 2022, demonstrating ASEAN's significant potential in trade and investment.

1.1.1 ASEAN region economic regional integration development has huge market potential

The ASEAN economy is growing steadily and making important contributions to the world economic development. According to *ASEAN Statistical Yearbook 2022* , from 2015 to 2019, ASEAN's GDP (current USD dollar, the same below) increased from \$ 2.5 trillion to \$3.2 trillion, with an average annual growth rate of 5.1% (Figure 1.1) , ASEAN become the world's fifth largest economy, and its share of the global economy increased from 3.3% to 3.6%. In 2020, due to the impact of COVID-19 epidemic, the economic growth rate of the ten ASEAN member states experienced varying levels of decline, and ASEAN's overall economic growth rate was -3.2%, but still maintained with a volume of \$3 trillion (Table 1.1) . In 2021, due to the easing of the global epidemic, ASEAN's overall economic growth rate was 3.4%, a significant rebound from 2020. Overall, except for a few industries such as tourism that have not yet fully recovered, many industries including finance, manufacturing, construction, information, and mining have achieved rapid development in 2022.

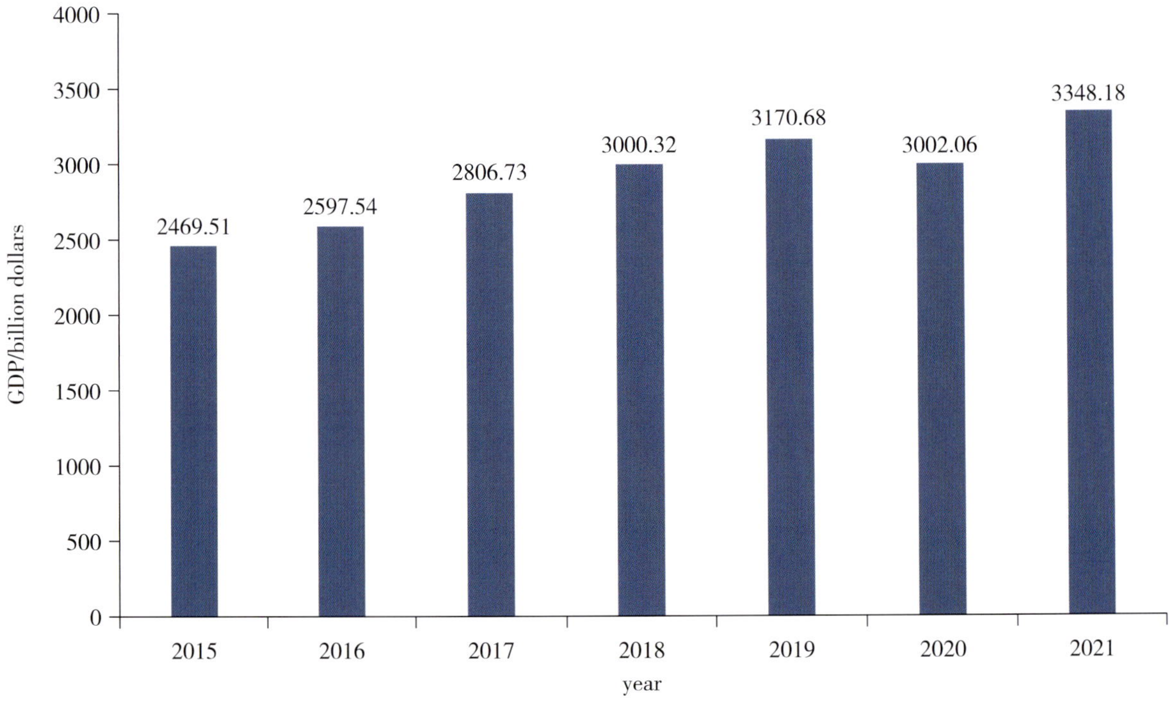

Figure 1.1 Trends in ASEAN GDP from 2015 to 2021

Data source: *ASEAN Statistical Yearbook 2022*

Table 1.1 ASEAN member states' GDP of 2015–2021 Unit: $1 billion

country	2015	2016	2017	2018	2019	2020	2021
Brunei	12.79	11.41	12.14	13.56	13.51	12.00	13.92
Cambodia	18.09	19.43	22.25	24.61	27.10	25.96	27.16
Indonesia	854.95	930.54	1014.09	1040.05	1121.14	1059.15	1185.78
Laos	14.42	15.89	16.95	18.10	18.67	19.04	19.64
Malaysia	298.72	298.97	321.38	358.36	364.52	337.62	372.77
Myanmar	59.80	64.63	67.27	76.33	66.50	70.17	72.86
Philippines	306.47	318.64	328.83	344.89	376.79	361.52	393.61
Singapore	309.08	319.18	343.42	376.66	376.63	345.22	394.58
Thailand	401.27	413.32	456.35	506.61	544.04	499.58	505.89
Vietnam	193.93	205.52	224.04	241.16	261.78	271.80	361.96
total	2469.51	2597.54	2806.73	3000.32	3170.68	3002.06	3348.18

Data source: *ASEAN Statistical Yearbook 2022.*

ASEAN is a global investment hotspot with a rising global share of Foreign Direct investment (FDI) . According to the *ASEAN investment report 2020–2021*, FDI inflows to ASEAN reached its highest level in 2019 at $182 billion, making it the largest recipient of FDI among developing countries. In 2020, FDI declined to $137 billion due to the impact of the COVID–19 epidemic, but ASEAN still performed slightly better compared to the declining global FDI levels, with its share of global FDI rose from 11.9% in 2019 to 13.7% in 2020. According to *ASEAN Key Figures 2022*, FDI inflows to ASEAN in 2021 increased 46.6% year–on–year, reaching $179.2 billion, basically returning to pre–pandemic levels, demonstrating ASEAN's strong investment resilience. The strong investment recovery is mainly due to the region s highly active entrepreneurial ecosystem.

The United States, the European Union, China, Japan and ASEAN are the top five FDI source countries/regions in 2021 (Figure 1.2) , account for 65% of ASEAN's FDI inflows. The United States is the main investor with $40.2 billion, accounting for 22.5% of the FDI inflows, followed by the European Union with 14.8% ($26.5 billion) . Intra–ASEAN investment reached $23.5 billion, sharing 13.1% of the FDI inflows, China and Japan account for 7.7% and 6.6% respectively, ranking fourth and fifth respectively.

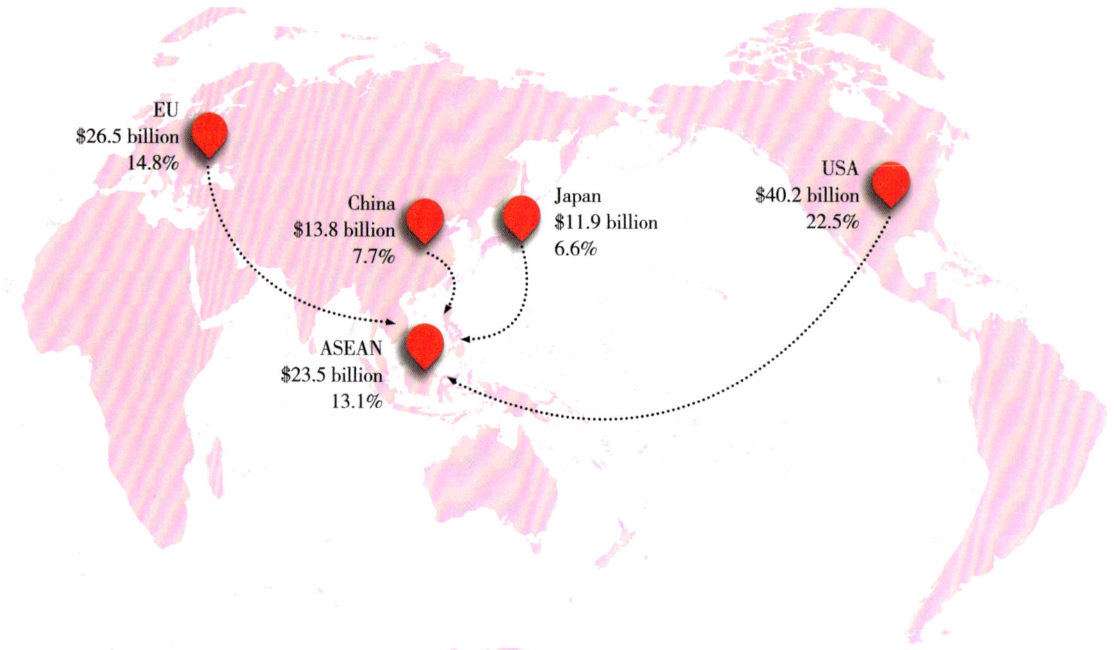

Figure 1.2 Key foreign direct investment (FDI) source countries/regions of ASEAN in 2021

Data source: *ASEAN Key Figures 2022*

ASEAN member states are at different stages of economic development and have distinct differences in their industrial structures. The latest data show Singapore's GDP per capita exceeds $72 000, ranks 1st among ASEAN member states, with service industry as the key development industry (Figure 1.3), and its annual output value accounts for 86.4% of GDP. Singapore has the world's largest fuel supply port and the third largest oil refining center, and the largest ship repair base in Southeast Asia. Brunei achieves a GDP per capita of $32 000 with its dominant oil and natural gas industry, ranking the second among ASEAN. Malaysia and the Philippines have similar industrial structures, with featured and advantageous industries including service industry (accounting for about 60%), tourism, manufacturing, etc. Thailand and Indonesia have a high degree of marketization and open financial markets, with service industry, agriculture, industrial manufacturing, and tourism as their distinctive advantageous industries, with per capita GDPs ranking 4th and 5th in ASEAN, respectively. Cambodia, Laos, Myanmar, Vietnam and other countries are experiencing rapid economic development, with a decrease proportion of service industry output value and a significant increase in agricultural output value. Their per capita GDP ranks lower in ASEAN.

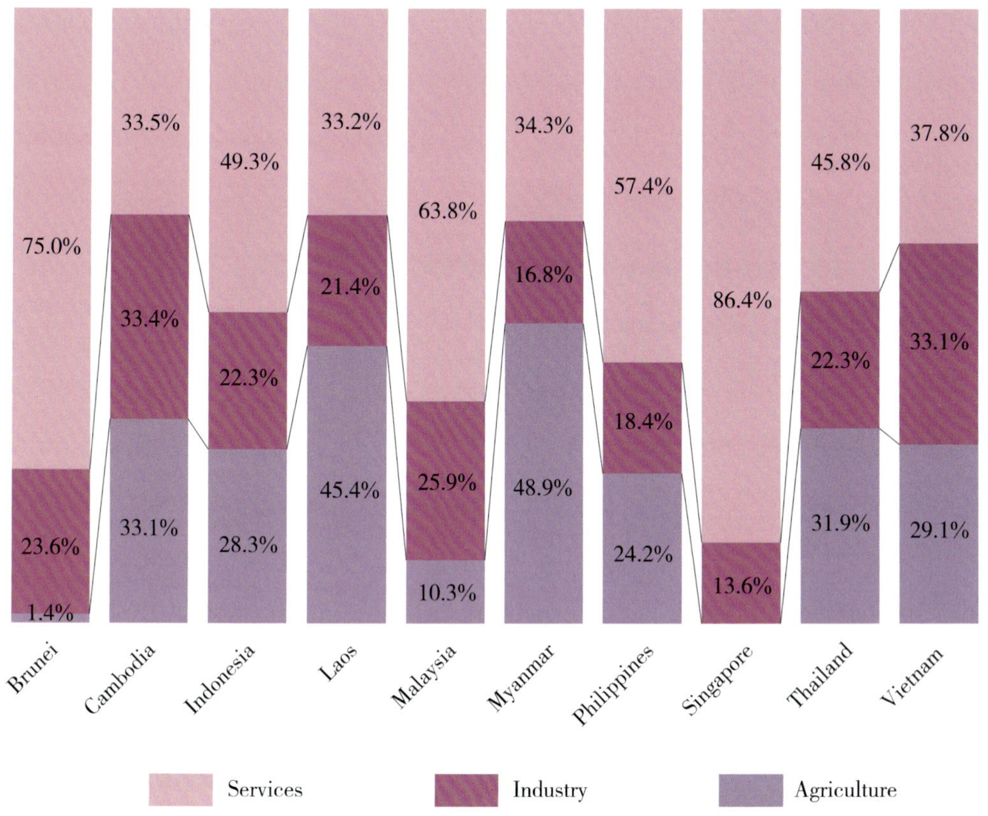

Figure 1.3 GDP constitute of major industries of the ten ASEAN member states in 2021

Data source: *ASEAN Key Figures 2022*

ASEAN is rich in resources, abundant in labor force and has great potential for economic development. In the future economic development and industrial planning of ASEAN member states, economic growth, manufacturing development and opening up to the outside world have been placed in an important position, building a foundation for ASEAN to play a more important role in the global industrial chain in the future and showing great potential for development. ASEAN is strategically located, controlling the famous "golden waterway", Malacca Strait, forming many coastal port cities represented by Singapore, rich in marine and biological resources, nickel, tin, bauxite, copper and other metal minerals. It also has cash crops such as rubber, oil palm, coconut, banana hemp and agricultural crops such as rice. ASEAN is rich in human resources, with the median age of its population below 30 years old in 2022 and its population structure dominated by young and middle-aged people, which will bring sustained labor force growth and give a huge

boost to ASEAN's future development. In addition, ASEAN has an Internet penetration rate of 66%, 7 percentage points higher than the global average, and a social media penetration rate of 63%, 14 percentage points higher than the global average. Emerging sectors such as the digital economy are developing rapidly.

1.1.2 ASEAN and China are each other's top trading partners with strong economic complementarity

China and ASEAN establish a comprehensive strategic partnership and work together to build a China–ASEAN community of shared future. In 2021, on the occasion of the 30th anniversary of the China–ASEAN dialogue partnership, China and ASEAN announced the establishment of a comprehensive strategic partnership. The two sides have taken the opportunity to efficiently promote the development of the regional integration process by building the "Belt and Road" together, and under the framework of the *China–ASEAN Strategic Partnership Vision 2030*, the "Belt and Road" initiative and the *ASEAN Connectivity Master Plan 2025* are increasingly aligned. Under the framework of the *China–ASEAN Strategic Partnership Vision 2030*, the "Belt and Road" initiative and the *ASEAN Connectivity Master Plan 2025* are dovetailing more and more closely, strengthening cooperation in five strategic areas: infrastructure development, digital innovation, logistics, import and export management and people mobility, promoting China–ASEAN economic and trade cooperation to a new level and building a closer China–ASEAN community of shared future.

Bilateral trade between ASEAN and China is growing strongly, and the industrial chain, supply chain and value chain are deeply integrated. China has remained ASEAN's top trading partner for 14 consecutive years since 2009. In 2020, the bilateral trade volume between ASEAN and China reached $685.25 billion, becoming China's largest trading partner; In 2021, the bilateral trade volume reached $878.21 billion, an increase of 28.1% year–on–year, Among them, China's exports to ASEAN reached $483.69 billion , with a year–on–year increase of 26.1% and import from ASEAN reached $394.51 billion, with a year–on–year increase of 30.8%, China accounted for 23.4% of ASEAN's merchandise export trade share (Figure 1.4) and 24.4% of ASEAN's merchandise import trade share (Figure 1.5) .

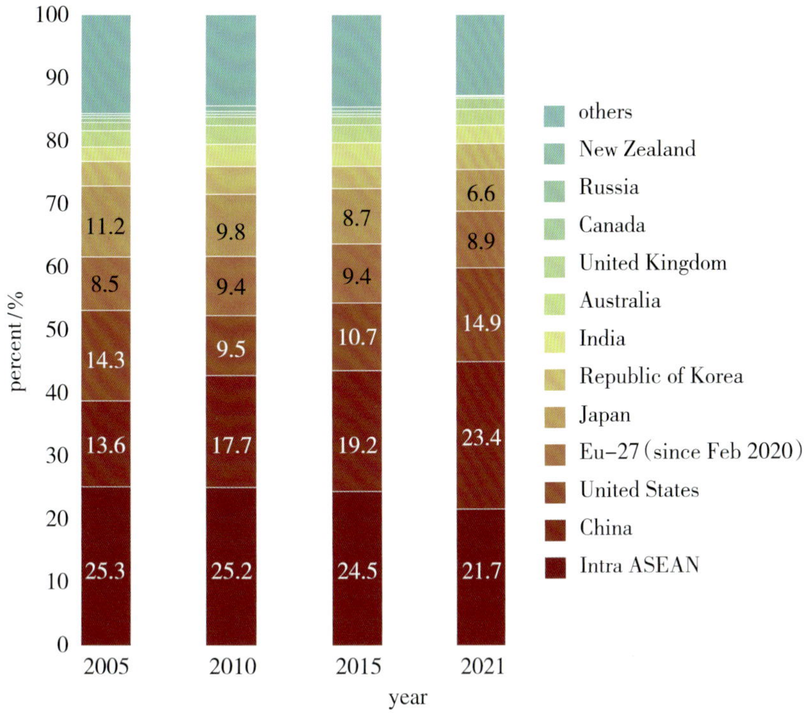

Figure 1.4 Commodity export shares of ASEAN's major trading partners, 2005-2021

Data source: *ASEAN Key Figures 2022*

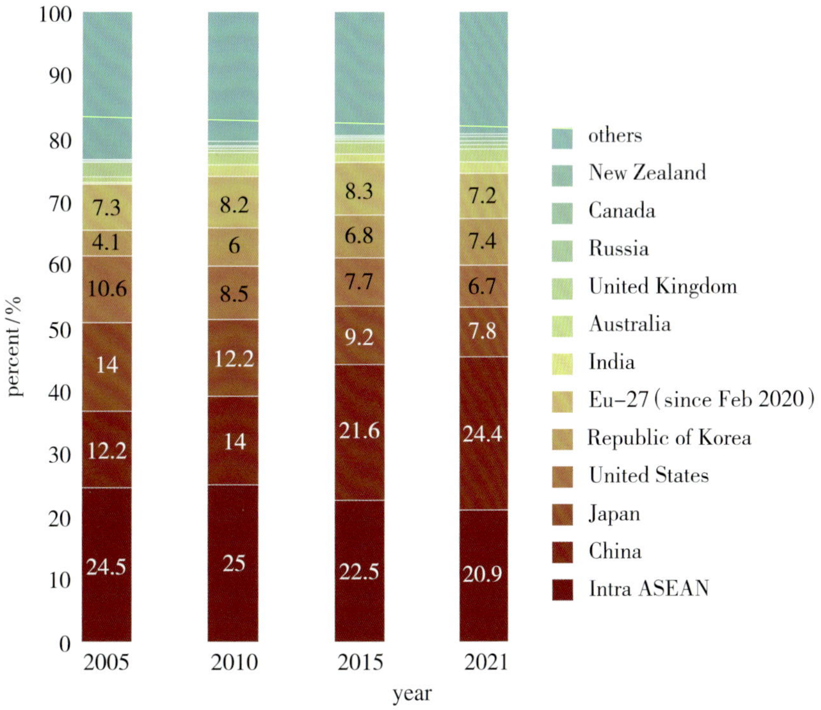

Figure 1.5 Commodity import shares of ASEAN's major trading partners, 2005-2021

Data source: *ASEAN Key Figures 2022*

In 2022, the bilateral trade volume between ASEAN and China reached $974.7 billion (Figure 1.6) , an increase of 10.9% year-on-year, maintaining the largest trade partnership with China. China's import trade volume from ASEAN reached $408.1 billion, and its export trade volume to ASEAN reached $566.6 billion, setting a new historical high.

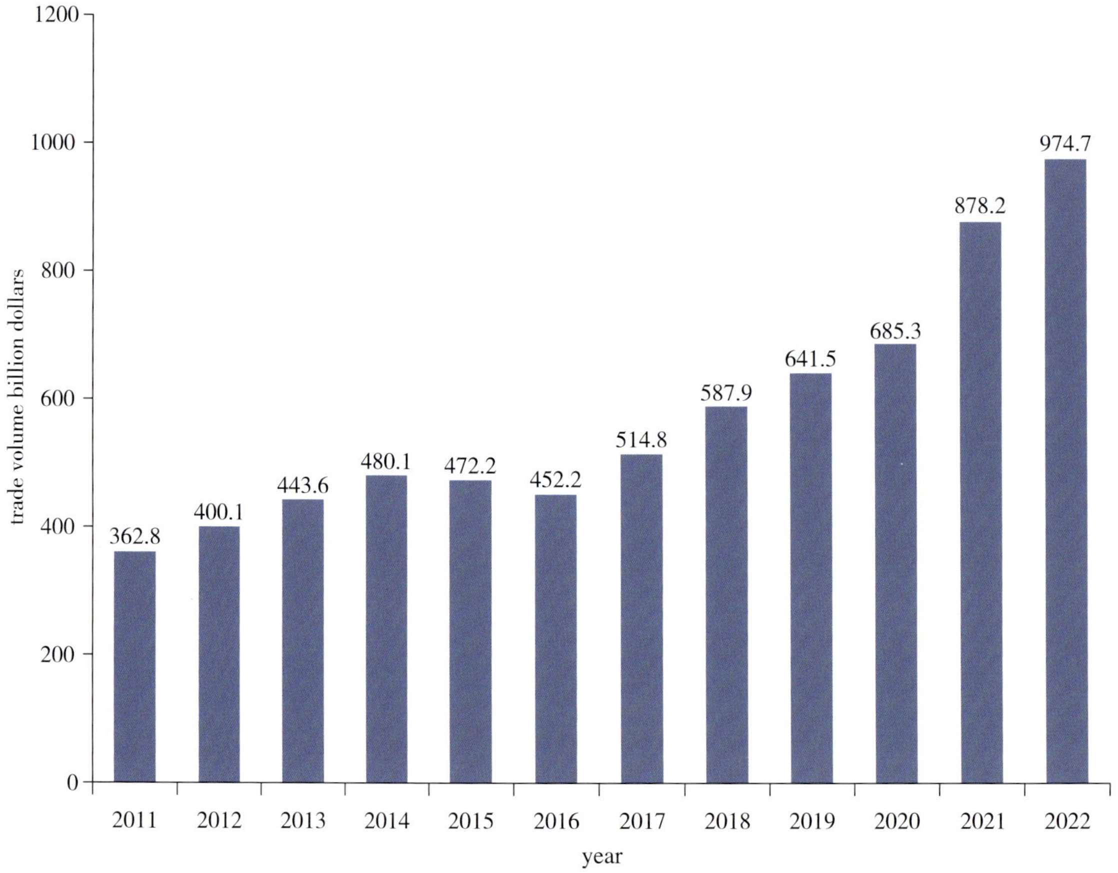

Figure 1.6　Total bilateral trade volume between China and ASEAN, 2011-2022

Source: General Administration of Customs of China

Trade between the two sides has been transformed and upgraded from traditional agricultural and sideline products, preliminary processed products and low value-added industrial products to industrial manufactured products, high value-added electromechanical products, mechanical appliances and digital machinery and equipment, giving full play to their respective comparative advantages in the division of labor in the international industrial chain and supply chain, achieving deep integration of industrial chain, supply chain and value chain, and injecting lasting momentum into economic growth and industrial cooperation between the two sides.

Two-way investment between China and ASEAN is booming, and cooperation in connectivity is deepening. By the end of 2022, the cumulative two-way investment between China and ASEAN exceeded $340 billion, showing an annual growth trend. The China-ASEAN FTA is the first FTA signed by China in foreign commerce and the largest FTA among developing countries. The economic and trade cooperation zones established by Chinese enterprises in Thailand, Indonesia, Vietnam and other countries have played an important role in promoting the local industries development, and the China-Singapore Suzhou Industrial Park and the China-Malaysia and China-Indonesia "Dual Parks" have also become benchmarks for cooperation. A number of infrastructure projects, such as railways, roads, ports, airports, bridges and power grids, have been jointly promoted and completed. For example, the China-Laos railway has been put into operation, and China and Singapore have achieved remarkable results in jointly building a new channel for international land and sea trade. In addition, with the joint efforts of the Chinese and Cambodian governments, a large number of cooperation projects such as the construction of communication infrastructure in Cambodia have been implemented and yielded results.

1.2 Mining is an important industry for ASEAN economic development

The development of mining industry in ASEAN member states are uneven. Brunei's mining output in 2021 accounts for 38.29% of the country's GDP, and the oil and natural gas industry is the pillar industry in Brunei. Mining output of Malaysia, Indonesia, Vietnam and Laos in 2021 are equivalent to 5.61%, 4.62%, 4.49% and 4.57% of their respective GDP. Thailand, Philippines and Cambodia have a relatively smaller share of the mining economy, with mining output accounting for about 1% of their GDP (Table 1.2).

The construction of mining industry chain in ASEAN member states are uneven. Indonesia and Malaysia are vigorously constructing the whole mining industry chain, with well-developed mining, smelting and processing industries of nickel, bauxite, tin and other minerals. Mining development of Vietnam, Laos, and Myanmar is mainly focused on mineral extraction, the middle and lower reaches of the industry chain to be improved. Singapore is vigorously developing midstream and downstream

Table 1.2 ASEAN member states' mining output and GDP in 2021

country	mining output/billion dollars	GDP/billion dollars	mining proportion in GDP/%
Brunei	5.36	14	38.29
Cambodia	0.2963	26.96	1.10
Indonesia	54.8	1186.09	4.62
Laos	0.86	18.83	4.57
Malaysia	20.92	372.7	5.61
Myanmar	—	65.09	—
Philippines	2.52	394.09	0.64
Singapore	—	396.99	—
Thailand	5.49	505.98	1.09
Vietnam	16.44	366	4.49

Data source: Trading Economic, World Bank.

industries such as oil and gas smelting and processing, and has become the world's third largest oil refining center, the world's oil trading hub and the Asian oil product pricing center.

Mining is one of the main industries attracting FDI in ASEAN member states. According to the *ASEAN Statistical Yearbook 2022*, in 2021, ASEAN mining industry attracted foreign direct investment (FDI) of \$3.55 billion, accounting for about 2.0% of total investment and ranking 10th.

2 Overview of Mineral Resources of ASEAN

ASEAN member states are located around the junction area of ASEAN of the giant Tethys Metallogenic Domain, the Coastal Pacific Metallogenic Domain and the Indo-Australian Metallogenic Domain, with a great amount and diverse mineral resources. There are more than 100 kinds of minerals and about 1200 mineral occurrences have been discovered, including coal, petroleum, natural gas, iron, copper, bauxite, lead, zinc, tungsten, tin, cobalt, nickel, gold, silver, potash, antimony, chromium, titanium, manganese and uranium, etc.

Reserves of nickel, tin, bauxite and potash have dominant positions globally. ASEAN member states have 32.21 million tons of nickel reserves, accounting for 34.2% of the global total reserves, and ranking 1st in the world. Tin reserves are 718 thousand tons and accounting for about 22% of which in the world. Bauxite reserves are 5.98 billion tons, accounting for 39.1% of which in the world. Potash reserves are 2.02 billion tons, accounting for 13.5% of the global total reserves.

Rare earth element (REE) resources have great potential. REE reserves and resources of ASEAN member states are 11.95 million tons and 12.06 million tons, accounting for 8.4% and 5.0% of which in the world, respectively. Recent exploration results show that there is great potential on ion-adsorbed REE deposits.

Distribution of copper and gold deposits is relatively concentrated, with world-class mines. Copper and gold are mostly associated minerals, with copper reserves of about 31million tons, accounting for about 3.5% of which in the world. Gold resources are about 10.248 thousand tons, accounting for about 5.4% of which in the world. The Indonesia Grasberg copper mine is the first in Asia and top ten in the world (39.69 million tons of copper resource). The Myanmar Monywa deposit is another world-class copper deposit, with copper resource of 7 million tons.

2.1 Metallogenic conditions in the ASEAN region are excellent, and twenty-one third-order metallogenic belts can be divided

ASEAN member states are geographically connected to southwest China and located around the junction area of the giant Tethys Metallogenic Domain, the Coastal Pacific Metallogenic Domain and the Indo-Australian Metallogenic Domain, which is one of the most active areas of present-day crustal movement. The region has experienced the superposition of Late Paleozoic-Mesozoic Tethys tectonic evolution and Cenozoic continental collisional orogeny, forming a multi-period, multi-directional tectonic pattern of trench-arc-basin system. Since the Paleozoic, the East Qiangtang (Changdu) -Simao-Indochina block, the West Qiangtang-Sibimasu terrane and the Lhasa-Western Myanmar terrane were separated from the north-west margin of Gondwana continent successively, accompanied by the closure of the ancient Tethys Ocean, the opening and closing of the Mid-Tethys Ocean and the Neo-Tethys Ocean. These massifs gradually accreted on the southern margin of Eurasia Continent during the Mesozoic, forming several volcanic arc belts, serpentine green hybrid belts, co-collisional and post-collisional magmatic belts. The complex tectonic evolution has also endowed Southeast Asia with a great amount of mineral resources. Based on the regional tectonic evolution, metallogenic rules and mineral distribution characteristics, Southeast Asia can be divided into three first-order metallogenic domains, including Tethys Metallogenic Domain, the Coastal Pacific Metallogenic Domain, and the Indo-Australian Metallogenic Domain, and further divided into 6 second-order metallogenic provinces and 21 third-order metallogenic belts (Table 2.1; Figure 2.1) .

2.2 Owning the world's largest nickel reserves in ASEAN, mainly developed in Indonesia and Philippines

ASEAN area is one of the most important reservoirs for laterite nickel resources in the world. Nickel reserve in this region is 32.21 million tons (2022) , accounting for 34.2% of the world's total reserves (94.14 million tons) . Nickel deposits are mainly located in Indonesia, Philippines and Myanmar (Figure 2.2) .

Table 2.1 Division of metallogenic units in Southeast Asia

first-order metallogenic domain	second-order metallogenic province	third-order metallogenic belt
I Tethys Metallogenic Domain	I-1 Myanmar-Sumatra Metallogenic Province	I-1-1 Indo-Myanmar Mountains Cr-Ni Metallogenic Belt
		I-1-2 West Myanmar Au-Cu Metallogenic Belt
		I-1-3 Sumatra-Java Cu-Au-Pb-Zn Metallogenic Belt
		I-1-4 Dawmao-Myitkyina Cr-Ni-Au-Pt Metallogenic Belt
		I-1-5 Delinday-Phuket-Belitung W-Sn-Sb Metallogenic Belt
		I-1-6 Shanthai Pb-Zn-Ag-Au-Sb-Fe Metallogenic Belt
		I-1-7 Chiang Mai-Malayan Peninsula W-Sn-Mn-Cu-Pb-Zn-Sb-Au-Fe-Bauxite Metallogenic Belt
	I-2 Indochina Metallogenic Province	I-2-1 Luang Namtha-Chuangthaburi Au-Sb-Cu Metallogenic Belt
		I-2-2 Luang Prabang-Loei Cu-Au-Sb-Fe-Pb-Zn-Bauxite-Potash Metallogenic Belt
		I-2-3 Vientiane-Kunsong Potash-Bauxite-Cu-Au-Pb-Zn Metallogenic Belt
		I-2-4 Truong Son Cu-Fe-W-Sn-Pb-Zn-Au metallogenic Belt
	I-3 Kalimantan Metallogenic Province	I-3-1 North Kalimantan-Palawan Cu-Cr-Ni-Au-Bauxite Metallogenic Belt
		I-3-2 Central Kalimantan Au-Cu-Pb-Zn Metallogenic Belt
		I-3-3 Melatos Ni-Au Metallogenic Belt
II Coastal Pacific Metallogenic Domain	II-1 Yangtze Metallogenic Province	II-1-1 Honghe Fe-Cu-Cr-Ni-Au-Pb-Zn-Sb Metallogenic Belt
		II-1-2 Southeast Yangtze Sn-W-Bauxite-Mn-Fe-Sb-Au-Pb-Zn Metallogenic Belt
	II-2 Luzon-Sulawesi Metallogenic Province	II-2-1 Luzon-Mindanao Cu-Au-Ni-Cr-Fe Metallogenic Zone
		II-2-2 Manado-Ujung Pandang Au-Cu Metallogenic Belt
		II-2-3 Sulawesi Ni Metallogenic Belt
		II-2-4 Maluku-Chayapura Ni-Cu Metallogenic Belt
III Indo-Australian Metallogenic Domain	III-1 New Guinea Metallogenic Province	III-1-1 South New Guinea Cu-Au-Pb-Zn Metallogenic Belt

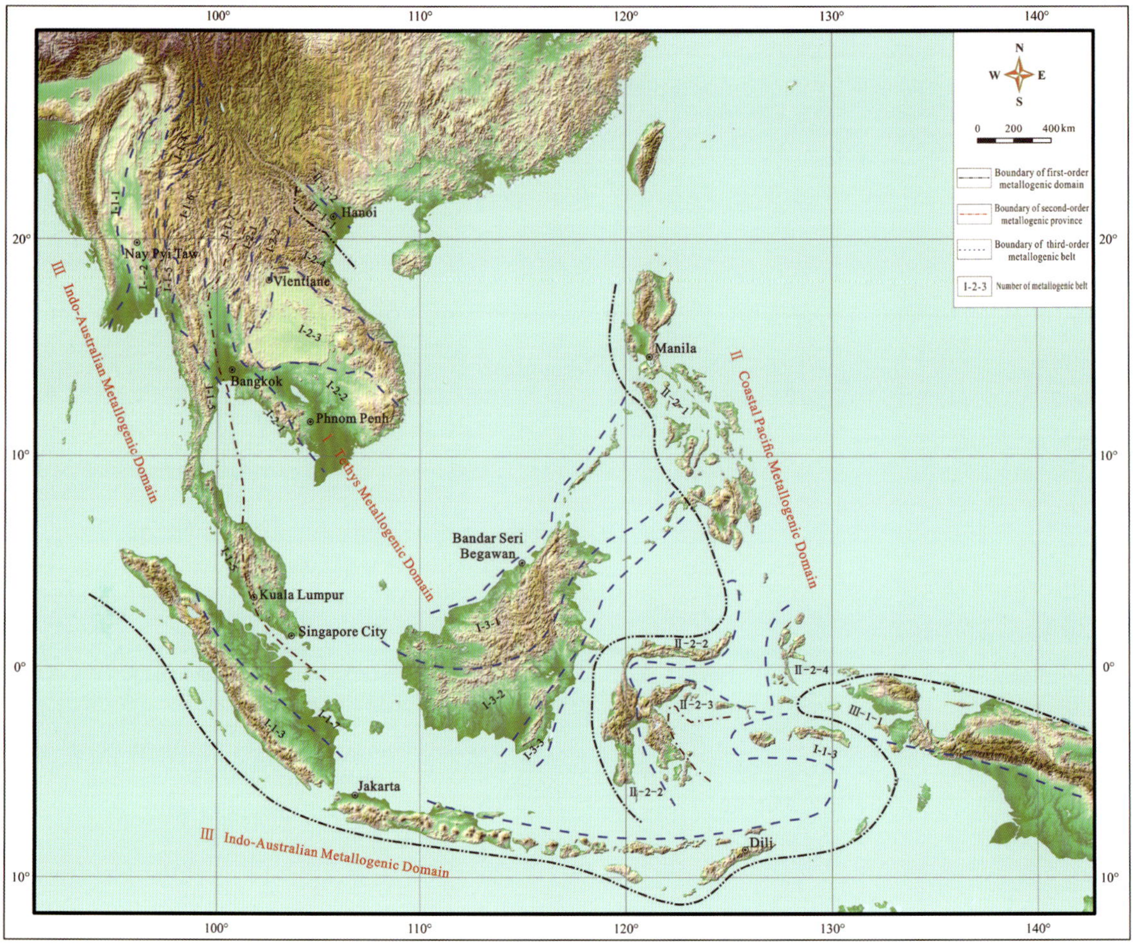

Figure 2.1 Map of metallogenic units in Southeast Asia

According to incomplete statistics (Table 2.2) , Indonesia has carried out 99 nickel mining projects for exploration and exploitation, ranking first in the world. Nickel reserve is 25.4 million tons, accounting for 27.0% and 78.9% of the global (Figure 2.3) and ASEAN nickel reserves,

Table 2.2 Nickel reserves and resources of ASEAN member states

country	reserves/10 000 tons	proportion in ASEAN/%	resources/10 000 tons	proportion in ASEAN/%
Indonesia	2540	78.9	6276	66.7
Philippines	611	19.0	3136	33.3
Myanmar	70	2.2	—	—
total	3221	100	9,412	100

Data source: China Geological Survey, 2023.

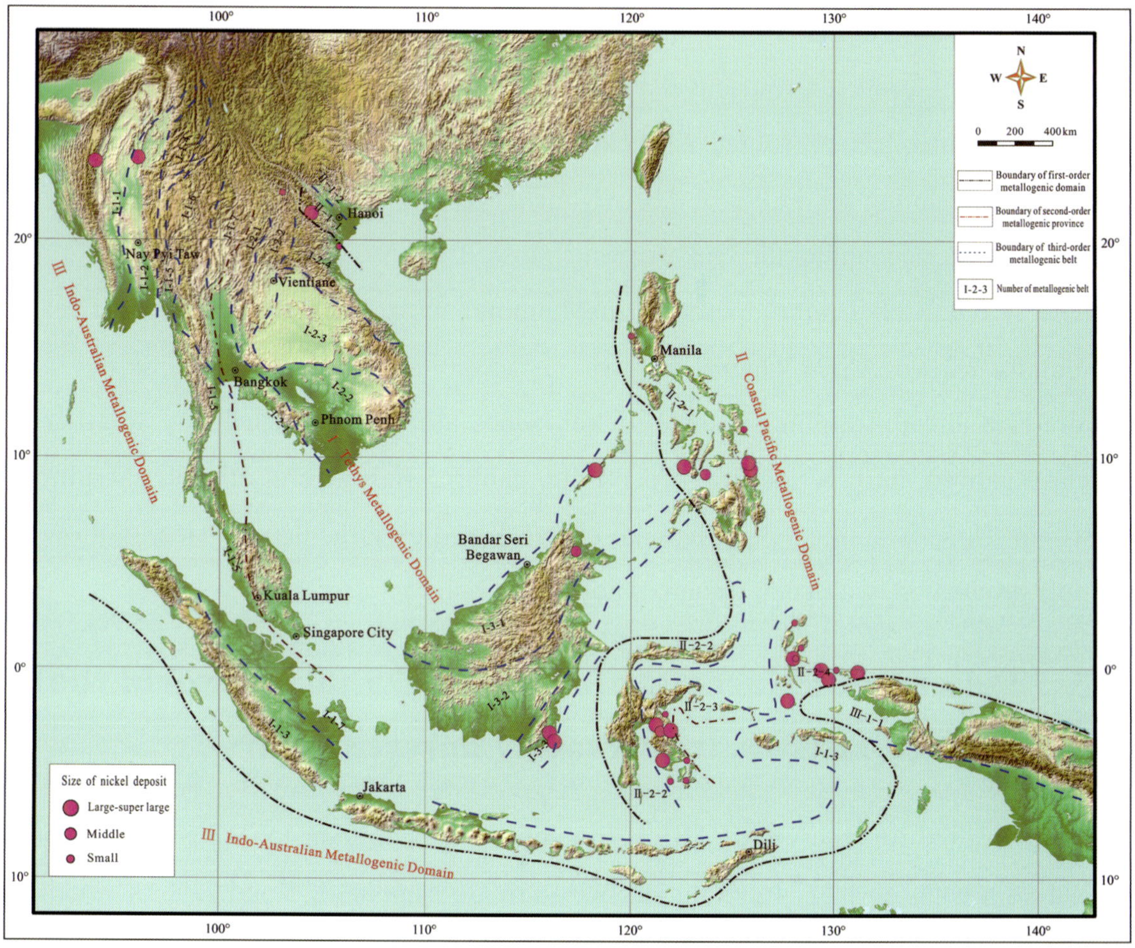

Figure 2.2 Distribution map of nickel deposits of Southeast Asia

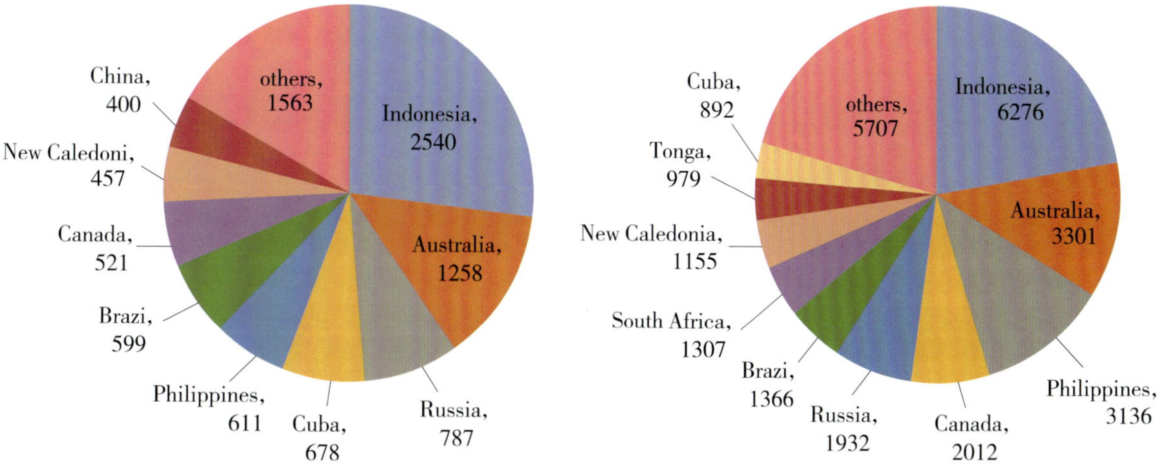

Figure 2.3 Nickel reserves (left) and resources (right) of global major resources countries

unit: 10 000 tons

respectively; the resources is 62.76 million tons, accounting for 22.4% and 66.7% of the global and ASEAN nickel resources, respectively.

The Philippines has conducted 24 nickel projects for exploration with reserves of 6.11 million tons, accounting for 19.0% of ASEAN nickel reserves. The nickel resources amount to 31.36 million tons, accounting for 33.3% of which in ASEAN.

There is one nickel mine operating in Myanmar with 700 thousand tons of reserves, accounting for 2.2% of ASEAN nickel reserves.

Indonesia and Philippines laterite nickel mines are mainly formed by weathering of plagioclase gabbro, pure peridotite, serpentinite, gabbro, diabase and other basal-ultramafic rocks within the serpentinite belt, which are characterized by large deposit size, shallow burial and simple production, with great resources potential.

2.3 Tin resources account for about 1/5 of the world, but the retained reserves is decreasing in recent years

At present, the tin reserves of ASEAN member states amount to 718 thousand tons and the resources amount to 1.117 million tons, accounting for about 22% and 11% of which in the world, respectively. Alluvial tin deposits account for about 80% of the total resources. Indonesia, Malaysia, Myanmar are the major tin resource countries, and Laos, Thailand, Vietnam also have some tin resources (Figure 2.4; Table 2.3).

Table 2.3 Tin reserves and resources of ASEAN member states

country	reserves/10 000 tons	proportion in ASEAN/%	resources/10 000 tons	proportion in ASEAN/%
Indonesia	29.7	41.4	56.0	50.1
Malaysia	25.0	34.8	25.0	22.4
Myanmar	11.4	15.9	11.4	10.2
Laos	4.6	6.4	8.1	7.3
Vietnam	1.1	1.4	4.8	4.3
Thailand	—	—	6.4	5.7
total	71.8	100	111.7	100

Data source: China Geological Survey, 2023; International Tin Mining Association, 2021.

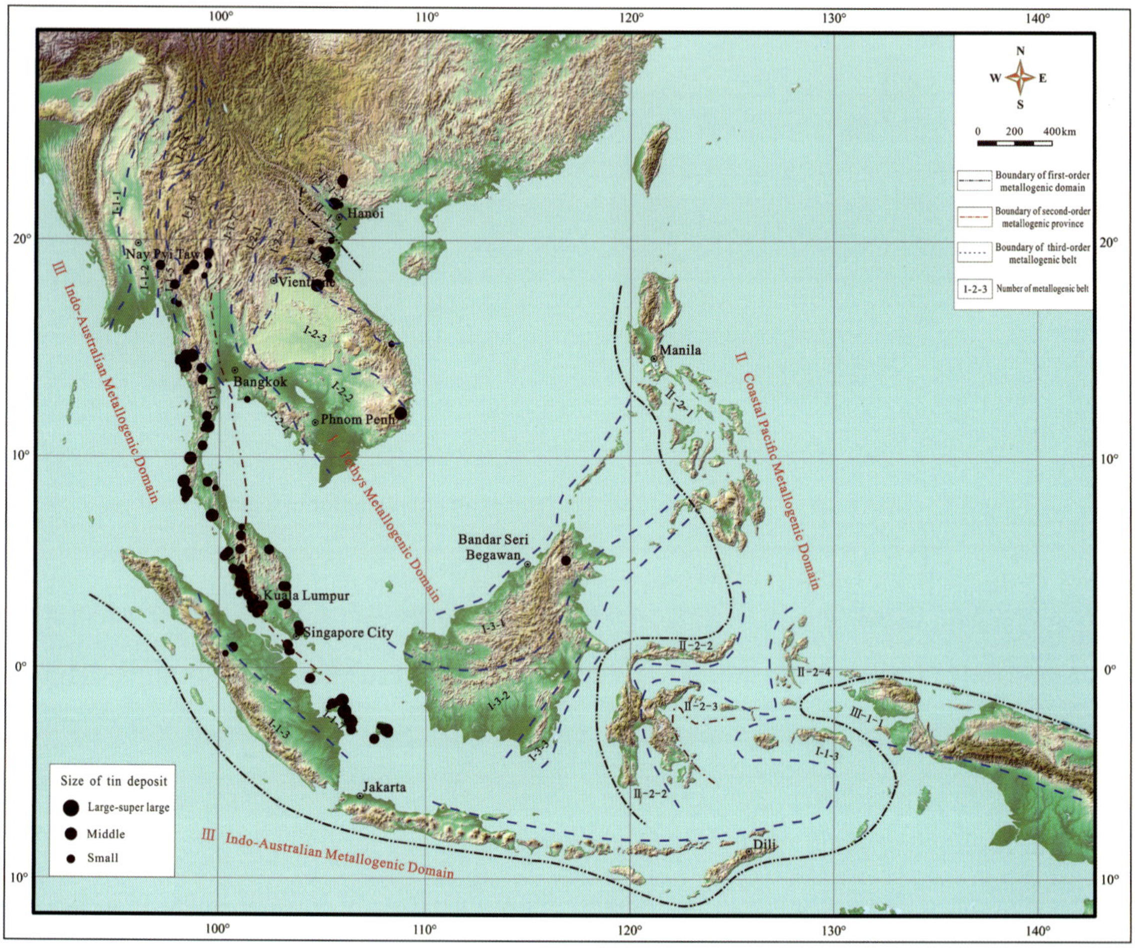

Figure 2.4 Distribution map of tin deposits of Southeast Asia

Indonesia is the country with the largest tin resources in ASEAN member states, with reserves of 297 thousand tons, accounting for 9.1% of global tin reserves, and ranking 5th in the world after China, Brazil, Russia and Australia (Figure 2.5) . The resource is 560 thousand tons, accounting for 5.6% of the global tin resources. Indonesia's tin reserves and resources account for 41.4% and 50.1% of ASEAN member states respectively, with deposit types dominated by coastal alluvial tin ore (reserves of about 200 thousand tons) , followed by primary tin ore of cassiterite-quartz vein type (reserves of nearly 100 thousand tons) .

Malaysia's tin reserves are 250 thousand tons, accounting for 34.8% of ASEAN and 7.6% of global tin reserves, and ranking 7th in the world (Figure 2.5) . However, the rapid depletion of resources in the past decade has resulted in a significant decline in tin reserves from one million tons in 2006 to 250 thousand tons in 2022, with a clear decrease trend.

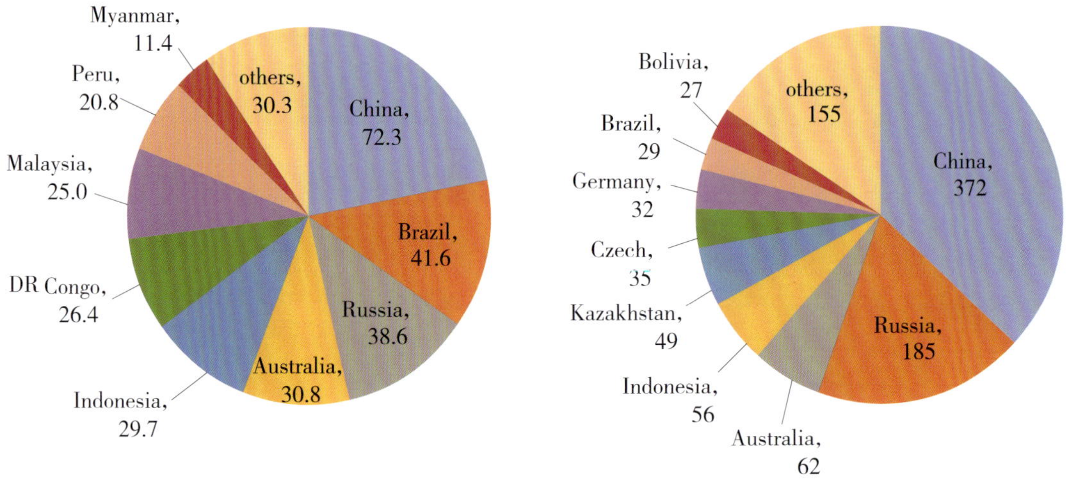

Figure 2.5 Tin reserves (left) and resources (right) of global major resources countries

Unit: 10 000 tons

Myanmar's tin reserves are 114 thousand tons, ranking 3rd, and account for 15.9% in ASEAN member states. However, as the mining of the country's largest Man Maw tin mine has shifted from surface to underground, tin reserves declined and the grade has dropped from 10% ~ 20% to 1% ~ 2%.

The tin reserves of Laos are 46 thousand tons, accounting for 6.4% of which in the ASEAN member states, developed mainly in the Khammouan Province in middle Laos, with more than 50 tin occurrences and several small mines, consisting the most important place of tin ores production.

Thailand and Vietnam also have some tin occurrences, but the resources are relatively low, with a total of 11 thousand tons of reserves and 112 thousand tons of resources.

2.4 Bauxite reserves account for 39% of the world, mainly developed in Indonesia and Vietnam

ASEAN member states are rich in bauxite resources, especially lateritic bauxite deposits with good quality. Total bauxite reserves amount to 5.98 billion tons, accounting for 39.1% of the total global reserves of 15.3 billion tons, mainly in Vietnam and Indonesia, with small amounts in Laos, Philippines and Malaysia (Table 2.4; Figure 2.6).

Table 2.4 Bauxite reserves and resources of ASEAN member states

country	reserves/10 000 million tons	proportion in ASEAN/%	resources/10 000 million tons	proportion in ASEAN/%
Indonesia	29.6	49.6	54.8	88.4
Vietnam	24.9	41.6	—	—
Laos	3.9	6.5	—	—
Philippines	0.7	1.2	3.6	5.8
Malaysia	0.7	1.1	—	—
Cambodia	—	—	3.6	5.7
total	59.8	100	61.9	100

Data source: China Geological Survey, 2023; Public information from mining companies.

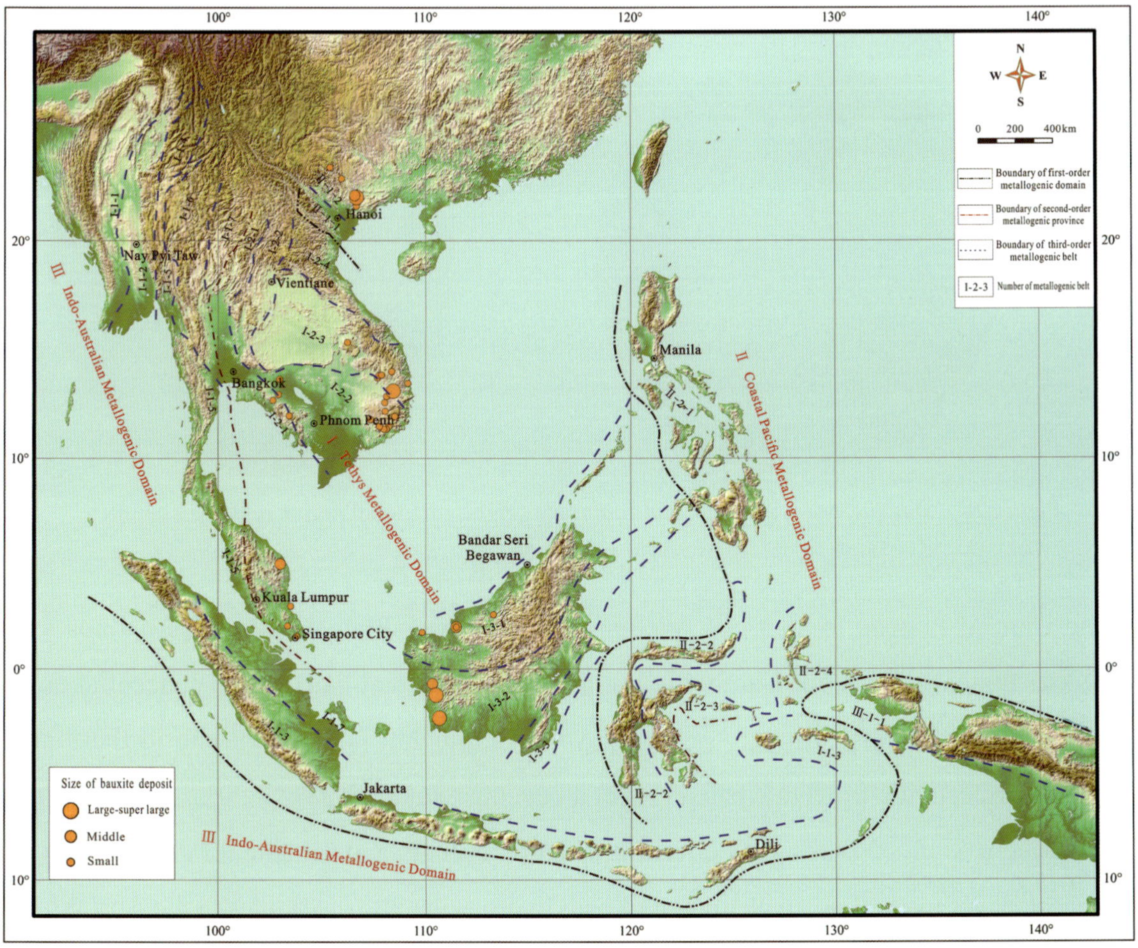

Figure 2.6 Distribution map of bauxite deposits in Southeast Asia

Indonesia's bauxite reserves amount to 2.96 billion tons, accounting for 49.6% of the bauxite reserves of ASEAN member states and 19.3% of the global bauxite reserves, ranking 1st in the world. The resources in Indonesia are 5.48 billion tons, accounting for 12.7% of the global bauxite resources, ranking 2nd in the world (Figure 2.7). Vietnam has bauxite reserves of 2.49 billion tons, accounting for about 41.6% of the bauxite reserves in ASEAN member states and 16.3% of the global bauxite reserves, ranking 3th in the world after Indonesia and Brazil. The bauxite reserves of Laos, Philippines and Malaysia are 387 million tons, 73 million tons and 67 million tons, respectively, accounting for 6.5%, 1.2% and 1.1% of the bauxite reserves of ASEAN member states. Cambodia has carried out exploration on bauxite, showing large resource potential.

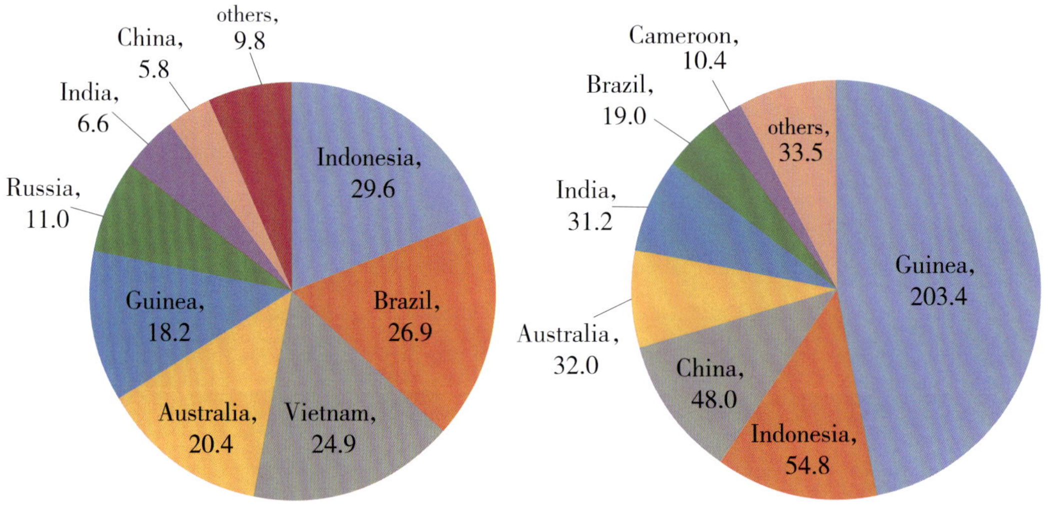

Figure 2.7 Bauxite reserves (left) and resources (right) of global major resources countries

unit: 100 million tons

The Central Plateau in southern Vietnam, the Boloven Plateau in southern Laos and the Mondulkiri Plateau in eastern Cambodia are the most important bauxite ore concentration areas. Indonesian bauxite deposits mainly occur in West Kalimantan Island. Bauxite in these areas is characterized by lateritic trihydrate bauxite with an average grade of 38% ~ 59%, high aluminum to silicon ratio (Al/Si: 8 ~ 24), shallow coverage, open pit mining, and suitable for alumina production by low-cost Bayer method. A small amount of hard hydrous bauxite distributes in the northern part of Vietnam, but the cost of mining and smelting are relatively high.

2.5 Potash occurs in the Thailand-Laos basin, with considerable resources potential

Potash deposits are concentrated in the Korat and Sakhon Nakhon basins locating from northeastern Thailand to central Laos (Figure 2.8). End of 2022, Potash reserves and resources are 2.02 billion tons and 5.8 billion tons (KCl), respectively, accounting for 13.5% and 8.4% of which in the world (Table 2.5). Among them, Laos has potash reserves of 1.86 billion tons and ranks 4th in the world (Figure 2.9). The potash resources of Laos are 5.24 billion tons. Besides, Thailand has 158 million tons of reserves and 5.6 billion tons of resources.

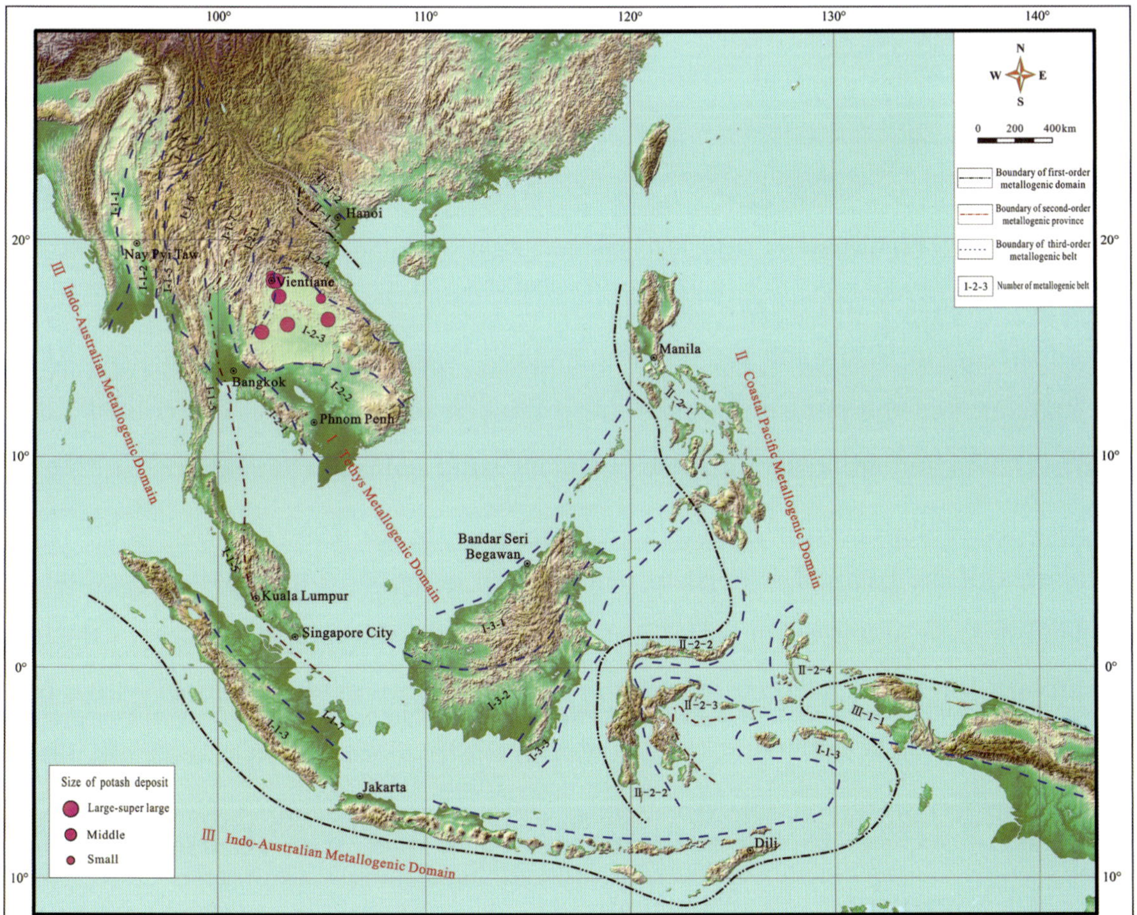

Figure 2.8 Distribution map of potashde posits in Southeast Asia

Table 2.5 Potash reserves and resources of ASEAN member states

country	reserve/100 million tons	proportion in ASEAN/%	resources/100 million tons	proportion in ASEAN/%
Laos	18.6	92.2	52.4	90.3
Thailand	1.58	7.8	5.6	9.7
total	20.2	100	58.0	100

Data source: china geological survey, 2023; standard: KCl.

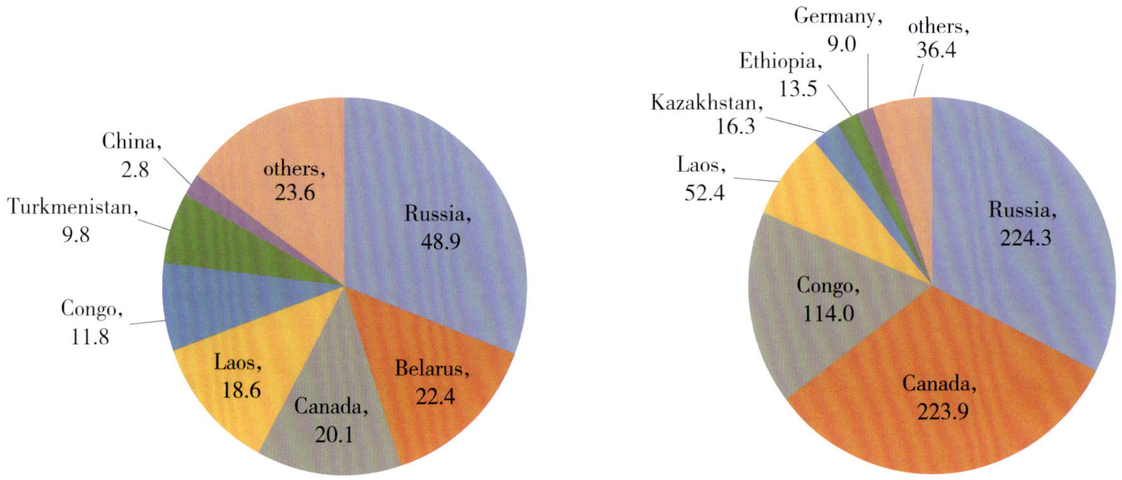

Figure 2.9 Potash reserves (left) and resources (right) of global major resources countries

unit: 100 million tons

Both the Korat Basin and the Sakhon Nakhon Basin are fractured basins within the Korat Plateau, and the potash deposits are produced in the Late Cretaceous-Paleocene evaporite system and are evaporative sedimentary solid potash. The main part of the Korat Basin and the Sakhon Nakhon Basin is located in Thailand, accounting for about 92% of the total area of the basin. The northern and eastern margins of the Sakhon Nakhon Basin are located in Laos and account for approximately 8% of the total basin area. Considering the relatively low level of exploration, the current resources are relatively low, but the potential resources is considerable.

2.6 REE reserves account for 8.4% of the world, mainly located in Vietnam

The REE reserves (REE_2O_3) of ASEAN member states amount to 11.95 million tons(2022),

accounting for about 8.4% of the world's total reserves of 143 million tons. The REE deposits mainly located in Vietnam and Myanmar (Table 2.6) . Vietnam has REE reserves of 11.45 million tons, accounting for about 8.0% of the global REE reserves, ranks 4th in the world, Brazil, and Russia (Figure 2.10) . Myanmar has 500 thousand tons of REE reserves, ranking 11th in the world. Vietnam and Myanmar together have 12.06 million tons of REE resources, accounting for 5.0% of the world's total resources. Some REE occurrences are also found in Laos, but no reserves data disclosed till now.

Table 2.6 REE reserves and resources of ASEAN member states

country	reserve/100 million tons	proportion in ASEAN/%	resources/100 million tons	proportion in ASEAN/%
Vietnam	1145	95.8	706	58.5
Myanmar	50	4.2	500	41.5
total	1195	100	1206	100

Data source: China Geological Survey, 2023; Standard: REE_2O_3.

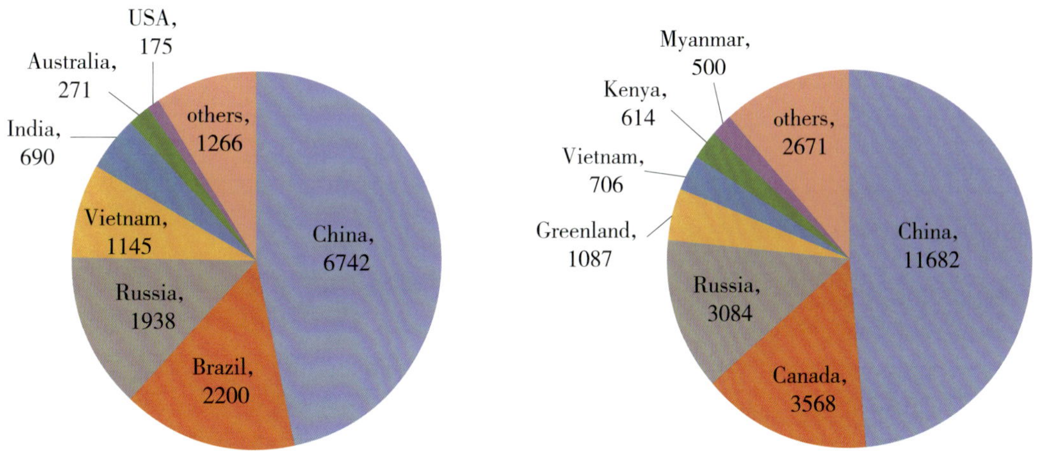

Figure 2.10 REE reserves (left) and resources (right) of global major resources countries

unit: 100 million tons

REE deposits in Vietnam are mainly distributed in the magmatic rock area of Lai Chau Province in the northwestern Vietnam, and characterized by light REE accompanied by iron and copper deposits. ASEAN member states have a large potential for REE resources, especially in the northern part of the Indo-China Peninsula. There are numerous magmatic arc belts existed, which is a favorable area for exploration on ion-adsorption REE deposits.

2.7 Relatively concentrated distribution of copper and gold resources, with the largest copper deposit in Asia

Copper and gold deposits are generally developed in all the ASEAN member states. They have similar characteristics of distribution and commonly coexist with each other. The copper reserves are about 30.964 million tons, accounting for about 3.5% of which in the world. The gold resources are 10 248.1 tons, accounting for about 5.4% of the world. Indonesia and the Philippines are the main resource countries, and the two countries together own 88% copper and 93% gold resources in ASEAN member states (Figure 2.11, Figure 2.12; Table 2.7, Table 2.8) .

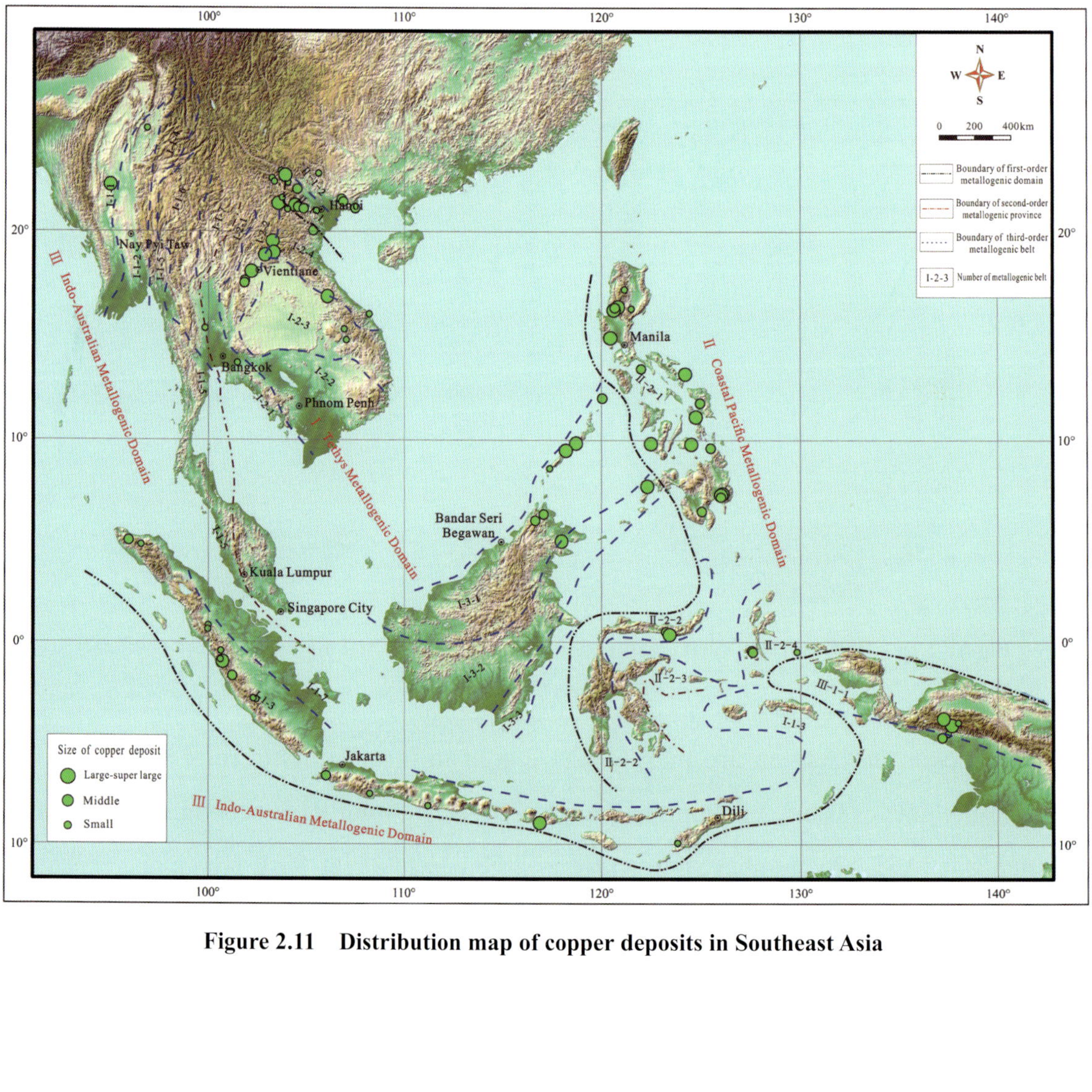

Figure 2.11 Distribution map of copper deposits in Southeast Asia

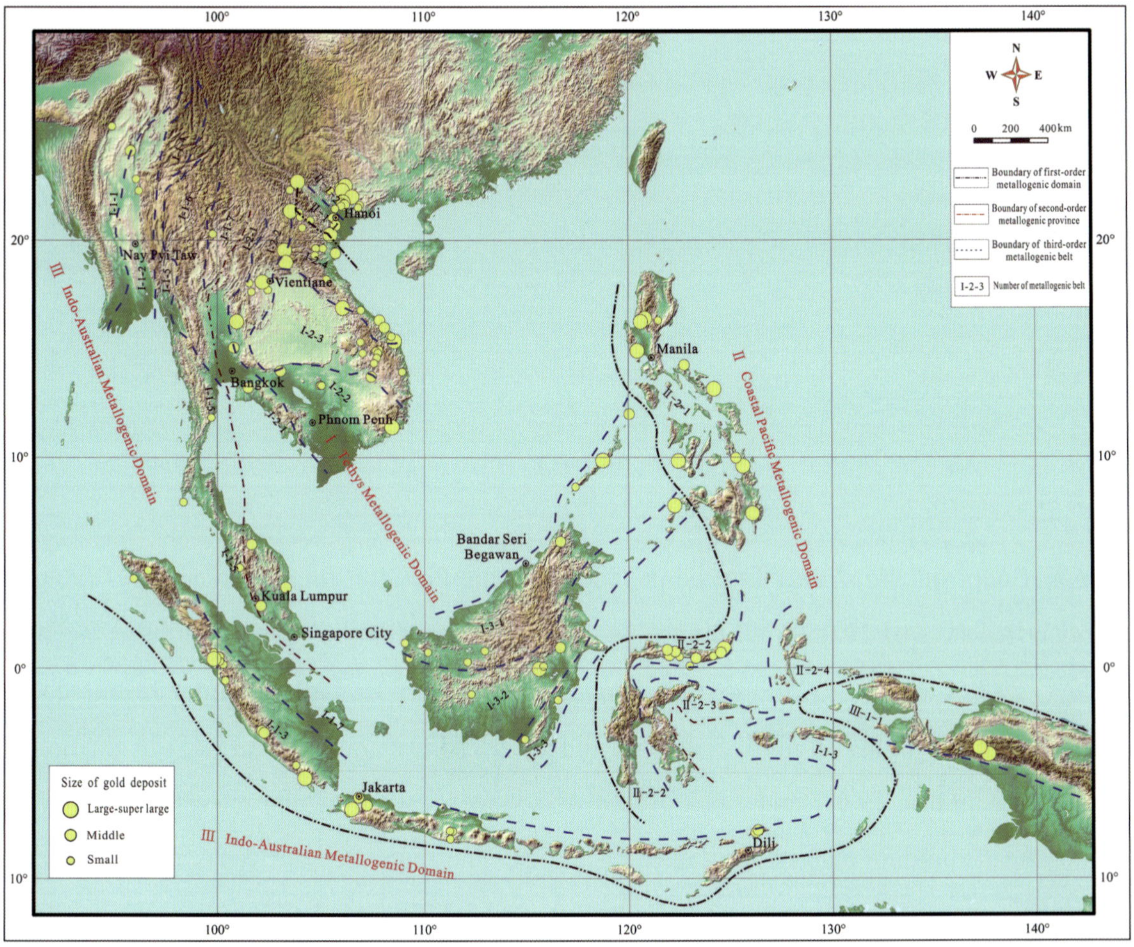

Figure 2.12 Distribution map of gold deposits in Southeast Asia

Table 2.7 Copper reserves and resources of ASEAN member states

country	reserve/10 000 tons	proportion in ASEAN/%	resources/10 000 tons	proportion in ASEAN/%
Indonesia	1905.9	61.6	4252.5	59.0
Philippines	620.7	20.0	2132.6	29.6
Myanmar	413.7	13.4	545.3	7.6
Laos	101.1	3.3	161.7	2.2
Vietnam	55.0	1.8	—	—
Thailand	—	—	115.4	1.6
Cambodia	—	—	5.1	0.1
total	3096.4	100	7212.6	100

Data source: USGS, 2022; Public information from mining companies.

Table 2.8 Gold resources of ASEAN member states

country	resource/ton	proportion in ASEAN/%
Indonesia	6152	60.0
Philippines	3468	33.8
Malaysia	233	2.27
Laos	130	1.27
Thailand	126	1.23
Vietnam	90.5	0.88
Cambodia	34.7	0.34
Myanmar	13.9	0.14
total	10248.1	100

Data source: USGS, 2022; Public information from mining companies.

Copper deposits are mainly located in Indonesia, the Philippines and Myanmar (Table 2.7), with copper reserves of 19.059 million tons, 6.207 million tons and 4.137 million tons, accounting for 61.6%, 20.0% and 13.4% of ASEAN copper reserves, respectively. Copper resources of the three countries amounted to 42.525 million tons, 21.326 million tons and 5.453 million tons, accounting for 59.0%, 29.6% and 7.6% of ASEAN copper resources, respectively. Laos, Vietnam, Thailand and Cambodia also have copper resources. The main deposit types include porphyry, skarn, IOCG, magmatic (copper-nickel sulfide) and VMS. Among them, porphyry copper is the most important type of copper deposits in ASEAN region, mainly distributed in the central metallogenic belt in Myanmar, Sumatra-Javanese metallogenic belt, North Sulawesi Province, South New Guinea Island metallogenic belt in Indonesia, Luzon-Mindanao metallogenic belt in the Philippines, Loei region in Thailand. The representative deposits include Grasberg (39.69 million tons of resource) in Indonesia and Monywa (7.0 million tons of resource) in Myanmar.

Gold is mainly distributed in Indonesia and the Philippines, with resources of 6152 tons and 3468 tons, accounting for 60.0% and 33.8% of ASEAN gold resources, respectively. Malaysia, Laos and Thailand have some gold resources accounting for 2.3%, 1.3% and 1.2% of ASEAN gold resources, respectively. Vietnam, Cambodia and Myanmar also have a small amount of gold resources. The major deposit types are porphyry-skarn, epithermal and orogenic types. Among them, porphyry-skarn deposits are dominant, with close association between gold and copper.

3 ASEAN Mining Development

3.1 Nickel, tin and other minerals are highly developed and dominate global supply

3.1.1 The output of nickel, tin, REE and other minerals ranks among the top in the world

According to World Mining Data (Table 3.1), in 2021, ASEAN member states produced about 1450 thousand tons of nickel, accounting for 54.0% of the total global production, among

Table 3.1 Production of dominant mineral species in ASEAN (2021)

mineral type	ASEAN production	world production	proportion/%	unit
nickel	145.0	268.5	54.0	10 000 tons
tin	10.0	35.4	28.3	10 000 tons
refined tin	10.2	37.9	26.9	10 000 tons
rare earths	3.4	28	12.3	10 000 tons
tungsten	1.9	10.9	16.9	10 000 tons
copper	105.4	2134.7	4.9	10 000 tons
refined copper	69.4	2458.9	2.8	10 000 tons
bauxite	0.3	3.7	7.0	100 000 000 tons
refined aluminum	110.8	6713.2	1.7	10 000 tons
gold	126.7	3064.7	4.1	tons
antimony	3665	88469	4.1	tons
chrome	3.1	3535.6	0.1	10 000 tons
lead	4.3	575.3	0.7	10 000 tons
refined lead	18.7	1432.5	1.3	10 000 tons
manganese	108.8	4950.2	2.2	10 000 tons
silver	395.2	25644.6	1.5	tons
iron	0.1	31.7	0.4	100 000 000tons
zinc	4.2	1330.6	0.3	10 000 tons

Data source: *World Metal Statistics Yearbook 2022*, United States Geological Survey. All data is reserved with 1 decimal place.

which Indonesia and the Philippines produced 1043 thousand tons and 386 thousand tons of nickel respectively, ranking in the top 2 globally. ASEAN member states produced 100 thousand tons of tin, accounting for 28.3% of the global total, of which Indonesia and Myanmar produced 60 thousand tons and 29.5 thousand tons of tin respectively, ranking the 2nd and 3rd globally, mean while Indonesia was also the world's 2nd producer of refined tin.

Myanmar, Thailand, Vietnam ranked the 3rd, 5th, 10th globally of REE production. Vietnam ranked the 2nd in the world with 19 thousand tons of tungsten production.

3.1.2 ASEAN becomes a center for exporting minerals such as nickel, tin, REE in the global market

According to UN Comtrade Database (Table 3.2), ASEAN member states exported 43.38 million tons of nickel ore in 2021, accounting for 93.6% of global exports, with the Philippines as the main exporter; 3.59 million tons of ferronickel, accounting for 84.4% of global exports, with Indonesia as the main exporter; 95 thousand tons of tin ore and raw tin, accounting for 44.2% of global, with Indonesia and Malaysia as the main exporter; 52 thousand tons of REE and its oxides, accounting for 39% of global, with Myanmar, Malaysia and Vietnam as the main exporter.

Table 3.2 ASEAN major mineral exports in 2021

mineral	value of export / USD 100 million	export/10 000 tons	global export / 10 000 tons	proportion of global export/%	main exporter
nickel ore	14.6	4338.4	4636.6	93.6	Philippines
ferronickel	74.9	359.0	425.3	84.4	Indonesia
tin ore and raw tin	29.9	9.5	21.5	44.2	Indonesia, Malaysia
REE and its oxides*	6.6	5.2	13.4	39.0	Myanmar, Malaysia, Vietnam
copper ore	60.8	255.8	1710.4	15.0	Indonesia, Malaysia, Philippines
iron ore	15.6	3111.7	148 863.0	2.1	Malaysia, Philippines, Indonesia

Data source: UN Comtrade Database, Resource Trade Earth. All data is reserved with 1 decimal place. REE and its oxides* is data in 2020 for reference.

3.2 Exploration budget remained stable, focusing on mature mining projects for gold, copper, nickel and other minerals

Exploration budget in ASEAN has stabilized overall in recent years, and is mainly concentrated in Indonesia, a traditional mining country. Data showed that ASEAN exploration input declined from \$870 million in 2012 to a lowest point of \$140 million in 2018, and from 2019 onwards, the overall scale remained at around \$200 million per year. In 2022, it reached \$208 million (Figure 3.1), of which Indonesian exploration will invest \$127 million, accounting for 61.09% of the entire ASEAN.

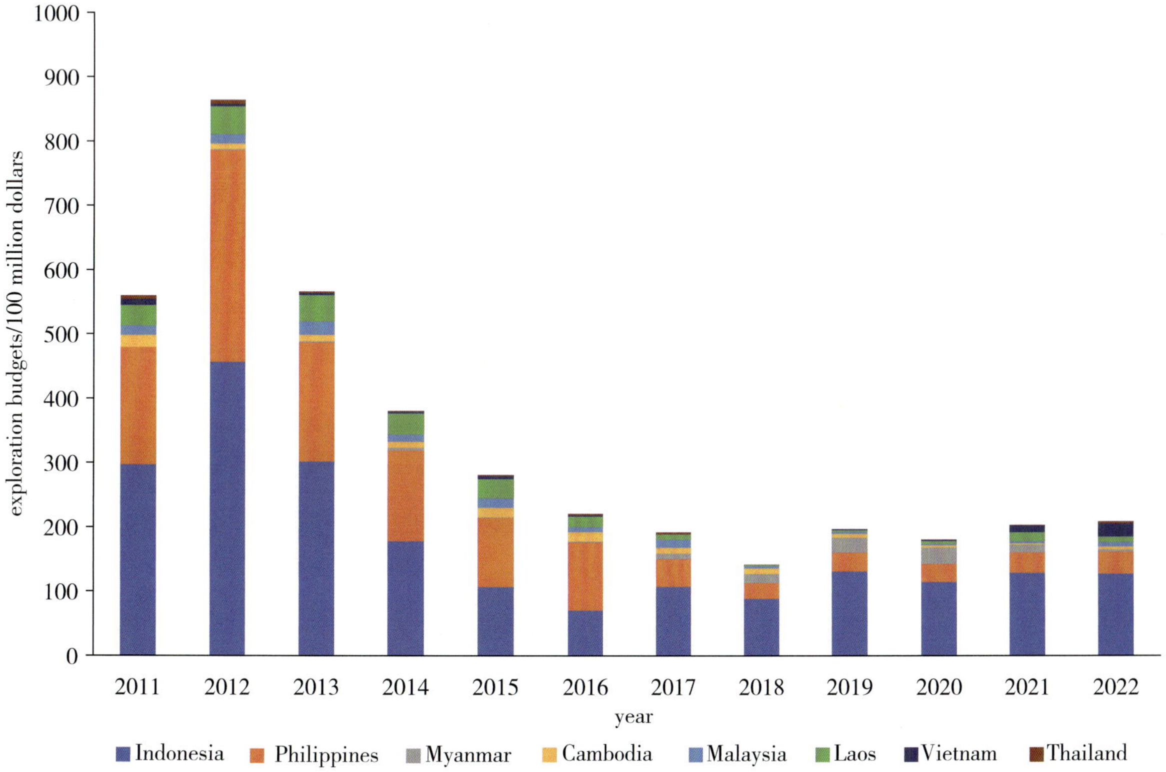

Figure 3.1 ASEAN member states' exploration budget in previous years

Data source: S & P Global Markets Intelligence

Exploration budget of solid mineral in ASEAN is mainly concentrated in the region's dominant minerals such as gold, copper, nickel and lead-zinc. In 2022, ASEAN member states invested \$118 million in gold exploration, accounting for about 56.98%; \$43.0 million in copper exploration, accounting for 20.67%; and \$39.0 million in nickel exploration, accounting for

18.71% respectively. Thailand's lithium resource exploration investment of $2.4 million (Pan Asia Metals Limited) has entered the feasibility study stage (Figure 3.2; Table 3.3).

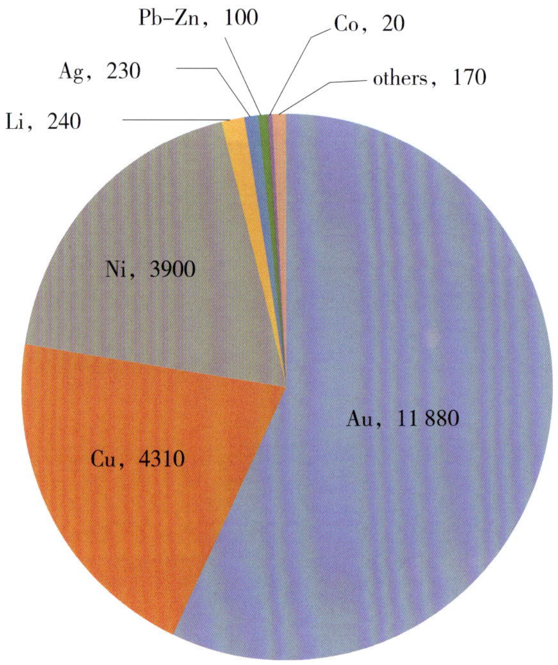

Figure 3.2 ASEAN solid mineral exploration inputs mineral structure in 2022

USD 10 thousand; Data Source: S & P Global Markets Intelligence

Table 3.3 AESAN mineral exploration input in 2022

mineral type	gold	copper	nickel	lithium	silver	lead–zinc	cobalt	others	total
input	118.8	43.1	39.0	2.4	2.3	1.0	0.2	1.7	208.5
proportion/%	56.98	20.67	18.71	1.15	1.10	0.48	0.10	0.82	100

Unit: USD one million; Data Source: S & P Global Markets Intelligence.

Junior and intermediate mining companies invested more in the region, with much higher input in minesite stage than grassroots. In 2022, the major, intermediate and junior mining companies invested $77.8 million, $65.2 million and $59.1 million respectively in exploration in ASEAN member states. For the junior and intermediate mining companies, the combined exploration input of accounted for 60.7% in total; and $125 million was invested in mineral exploration, which is in minesite stage, accounting for 60.03% in total (Figure 3.3).

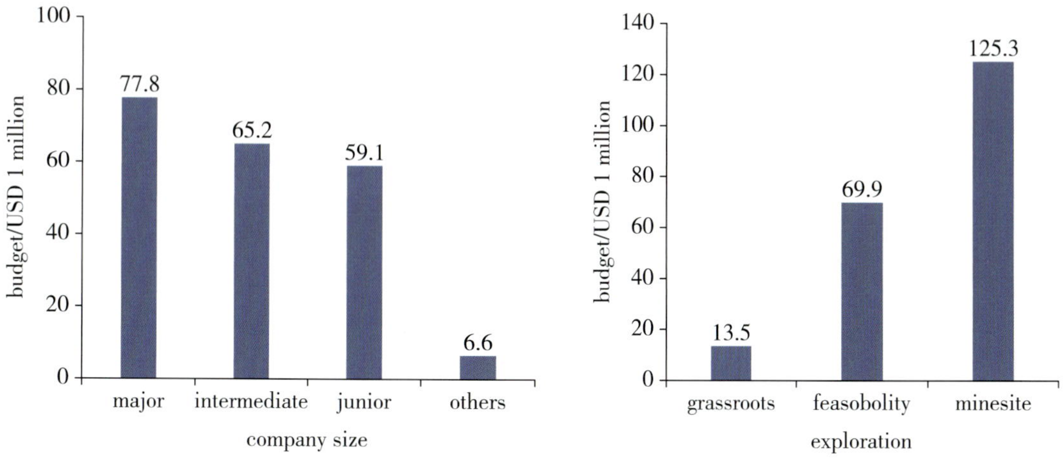

Figure 3.3　ASEAN 2022 solid mineral exploration budget company size and exploration production stage

data source: S & P global markets intelligence

Over the last decade, the percent of exploration input of large companies in ASEAN member states has gradually declined from 65% to 37%, indicating that small and medium sized mining companies were increasingly investing in the region (Figure 3.4) .

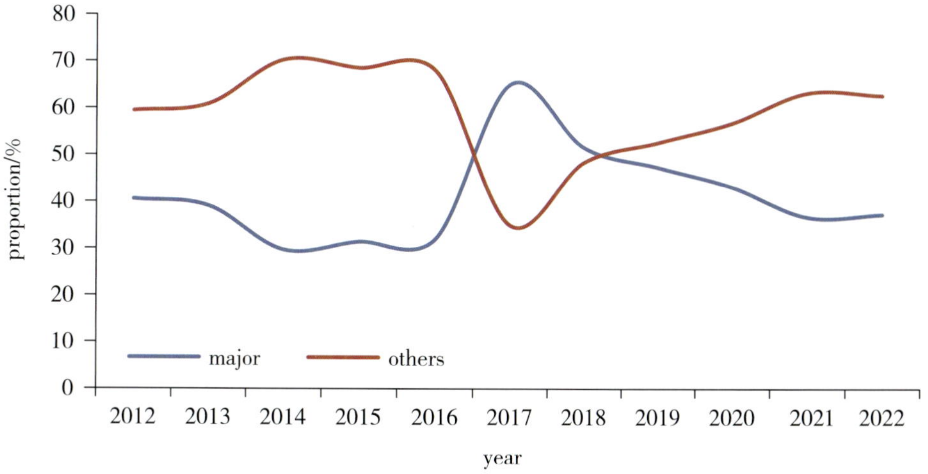

Figure 3.4　Change in the percent of exploration investment by different types of exploration companies in ASEAN, 2012–2022

Data Source: S & P Global Market Intelligence

In the past decade, the proportion of mineral exploration input has increased, while the proportion of grassroots exploration input has decreased significantly (Figure 3.5) . Influenced by the downward trend of the global solid mineral market in recent years, exploration companies committed to avoiding early stage high–risk projects and prefer to invest their capital in mature projects.

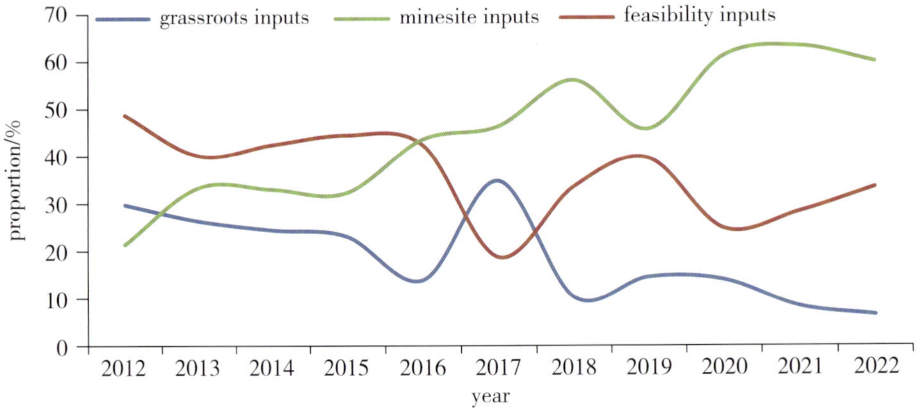

Figure 3.5 Change in the share of inputs at different stages of exploration in ASEAN, 2012–2022

Data Source: S & P Global Market Intelligence

3.3 Indonesia's mining transactions have been the most active

In the past decade, the total value of mining transactions in ASEAN member states amounted to $8.9 billion, with Indonesia accounted for 93.84% of it (Figure 3.6). Among the top 10 mining deals, Indonesia holds 9 seats and Lao PDR holds 1 seat (Table 3.4). In the past decade, the value of mining transactions in ASEAN member states reached $93 billion (Table 3.5), of which Indonesia accounted for 48% (Figure 3.7).

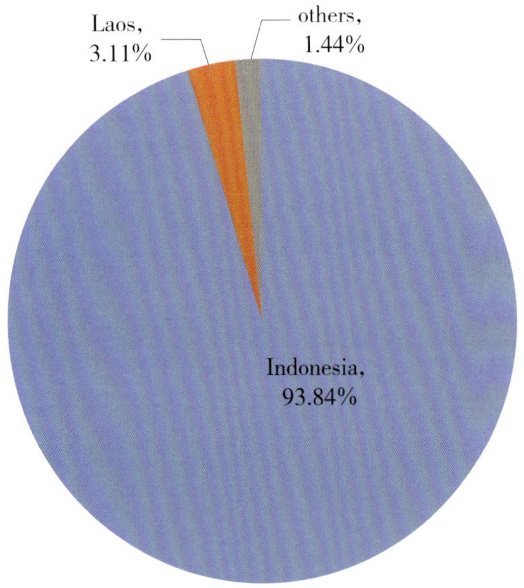

Figure 3.6 Percent of mining transaction value in ASEAN member states

(Data source: S & P global market intelligence)

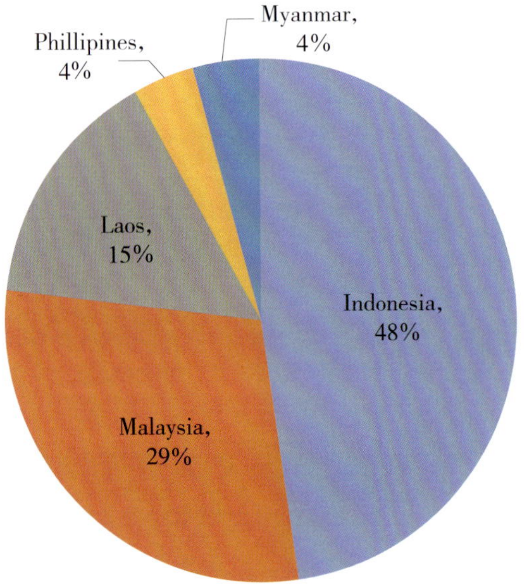

Figure 3.7 The value of equity transactions and it's proportion in ASEAN member states

(Data source: S & P global market intelligence)

Table 3.4 ASEAN top 10 mining transactions by deal value

buyer	seller	mineral rights shares/%	main mineral	transaction amount (100 million dollars)	country
PT Indonesia Asahan Aluminium (Persero)	Investor group	41.87	copper	38.5	Indonesia
PT Amman Mineral International	Newmont Mining Corporation	48.50	copper	13.23	Indonesia
PT Danusa Tambang Nusantara	Investor group	95.00	gold	12.10	Indonesia
Marlin Group Limited	G-Resources Group Limited	95.00	gold	9.05	Indonesia
Nickel Mines Limited	Shanghai Decent Investment (Group) Co., Ltd.	70.00	nickel	5.25	Indonesia
Chifeng Jilong Gold Mining Co., Ltd.	MMG Limited	90.00	copper	2.75	Laos
Nickel Mines Limited	Shanghai Decent Investment (Group) Co., Ltd.	20.00	nickel	1.50	Indonesia
PT Indotan Halmahera Bangkit	Newcrest Mining Limited	75.00	gold	0.90	Indonesia
PT Merdeka Copper Gold, Tbk.	Provident Capital Partners Pte. Ltd.	66.60	gold	0.55	Indonesia
Tuochuan Capital Limited	China Hanking Holdings Limited	58.45	nickel	0.53	Indonesia

Data Source: S & P Global Market Intelligence.

Table 3.5 Top 10 ASEAN Equity Transactions by Deal Value

target	buyer	seller	purchase of share /%	main mineral	transaction amount (100 million dollars)	country
PT Vale Indonesia Tbk.	PT Indonesia Asahan Aluminium (MIND ID)	Investor group	20.00	nickel	389.34	Indonesia
Apex Mining Co., Inc.	Prime Strategic Holdings Inc	Investor group	59.68	gold	175.78	Philippines
SBS Mining Corp. Malaysia Sd. Bhd.	GMCI Corp.	NA	100.00	iron	127.41	Malaysia

Continued

target	buyer	seller	purchase of share /%	main mineral	transaction amount (100 million dollars)	country
Asia-Alliance Mining Resources Corp.	Apex Mining Co., Inc.	Investor Group	100.00	copper	81.50	Philippines
Asia Pilot Mining Philippines Corp & Brightgreen Resources Corporation	Marcventures Holdings, Inc.	Investor Group	100.00	bauxite	55.88	Philippines
PT Merdeka Copper Gold Tbk.	PT Alam Tri Abadi	Pvt Invsr-Mr. Garibaldi Thohir	0.78	gold	29.89	Indonesia
Harbor Star Mining Company Limited	Next Horizon Investments Limited	Private Investor - Ms. OHN MAR WIN	90.00	lead	19.29	Myanmar
Greenstone Resources Corporation	TVI Resource Development Philippines Inc.	Red 5 Limited	100.00	gold	19.00	Philippines
Padaeng Industry Public Company Limited	Country Group Holdings Public Company Limited	Bali Ventures Limited	15.01	zion	17.52	Thailand
Geogen Corporation	Nickel Asia Corporation	NA	100.00	nickel	16.17	Philippines

Data Source: S & P global market intelligence.

3.4 Large mining companies dominate mining development in ASEAN

3.4.1 Large mining companies have high quality resources

ASEAN is a fertile ground for mining companies to invest, with Indonesia and the Philippines as hot investment countries. There are over 230 mining companies operating in ASEAN, with over 110 mining companies investing in Indonesia, accounting for about 48% of the total, and about 57 mining companies investing in the Philippines, accounting for about 25% of the total (Figure 3.8).

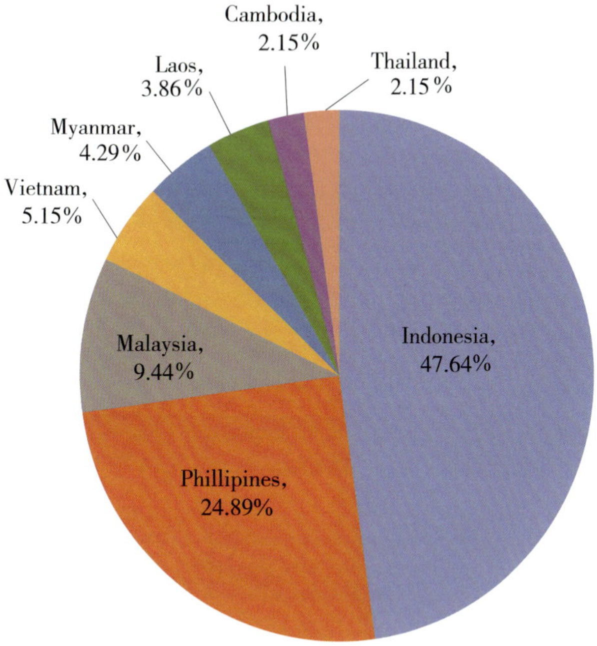

Figure 3.8 Distribution of investment countries of major mining companies in ASEAN

Data source: S & P global market intelligence

There are the largest number of local mining companies with strengths in the development of minerals such as coal, nickel, gold, tin, bauxite and potash in ASEAN. There are over 160 major indigenous mining companies in operation in ASEAN, mainly from Indonesia and the Philippines. Prominent mining companies include PT Aneka Tambang Tbk. and PT Cita Mineral Investindo Tbk. in Indonesia, Nickel Asia Corporation and Global Ferronickel Holdings, Inc. in the Philippines. ASEAN's indigenous mining companies have significant advantages in mineral resources such as tin, bauxite, nickel, gold, coal, oil and gas.

Large foreign mining corporation are strong and mainly invest in mineral development of iron, nickel, copper, gold, bauxite, etc. There are more than 100 large foreign-invested mining companies in ASEAN (Table 3.6) , mainly from 12 countries including Australia, China, Canada, Japan, the United States, the United Kingdom and Switzerland, including Vale S. A. of Brazil, Freeport-McMoRan Inc. of the United States, Sumitomo Metal Mining Co. Ltd. of Japanese, and Glencore of Switzerland. Foreign mining corporations are mainly engaged in mining, smelting and sales of iron, nickel, copper, gold, bauxite and other minerals, and have advantages in the development of iron, copper, gold and other mineral resources.

Table 3.6 Statistical table of mining companies investing in ASEAN by country of affiliation

ranking	country	quantity	ranking	country	quantity
1	Indonesia	54	12	United States	5
2	Australia	35	13	Myanmar	4
3	Philippines	31	14	Switzerland	4
4	China	24	15	Laos	3
5	Singapore	11	16	Cambodia	2
6	Canada	11	17	New Zealand	2
7	Japan	10	18	South Africa	2
8	Thailand	8	19	Republic of Korea	2
9	Malaysia	8	20	Brazil	2
10	Vietnam	7	21	India	1
11	United Kingdom	5			

Data Source: S & P Global Market Intelligence.

3.4.2 Major Large Mining Companies

3.4.2.1 Major local mining companies

There are 128 major local mining companies in operation in Southeast Asia, from 9 countries including Indonesia, Philippines, Singapore and Malaysia, of which 54 are in Indonesia and 31 in the Philippines, with the two countries accounting for 66% of the mining companies together. They are mainly engaged in the exploration, development and smelting activities of coal, nickel, copper, gold, tin, bauxite, potash and other minerals, and mainly hold mineral resources of bauxite (73%), nickel (68%), gold (61%), copper (19%) and other minerals in the region. Major Southeast Asian local mining companies in the region include PT Aneka Tambang Tbk. and PT Cita Mineral Investindo Tbk. of Indonesia, Nickel Asia Corporation and Global Ferronickel Holdings, Inc. of the Philippines, and others.

(1) PT Aneka Tambang Tbk.

PT Aneka Tambang Tbk. (ANTAM) is an Indonesian state-controlled mining company

(65% owned by the Indonesian government and 35% owned by the public), with its business mainly located in Indonesia, the company has three core businesses, namely nickel, gold and bauxite, and is the largest nickel producer in Indonesia. ANTAM's nickel business includes the sale of ferronickel and nickel ore, and currently owns 14 nickel mines in Indonesia, with overall nickel reserves (metal) of 7 638 400 tons and production (metal) of 139 800 tons (2021). It has 8 bauxite mines in Indonesia with total net reserves of approximately 150 million tons. In 2019, the company signed a contract with Chinalco for the construction of a 1 million ton/year metallurgical grade alumina plant.

(2) Nickel Asia Corporation

Nickel Asia Corporation (NIKL), the largest nickel producer in the Philippines, was founded in 1977 and is listed in Manila (stock code: NIKL), with 26.52% owned by Sumitomo Metal Mining Philippine Holdings Inc. of Japan, 25.89% by The State Atomic Energy Corporation (ROSATOM), 13.43% by Ni Capital Corp. of the Philippines, and the remaining 34.16% by 18 private companies or institutions from the United States, Republic of Korea, Norway, and Philippines. Asia Nickel Corporation currently operates 5 nickel mines in the Philippines, namely Rio Tuba, Taganito, Hinatuan(Taganaan), Cagdianao, and Dinapigue, with overall reserves (metal) of 2.769 million tons and production (metal) of 251 400 tons.

(3) Global Ferronickel Holdings, Inc.

Global Ferronickel Holdings, Inc. is the second largest nickel producer in the Philippines, established in 1994 and listed in Manila (stock code: FNI), with an overall diversified shareholding consisting of 16.06% owned by Sohoton Synergy Inc. Regulus Best Nickel Holdings Inc. in the Philippines holds 9.57%, Ultimate Horizon Capital Inc. in the Philippines holds 6.51%, Blue Eagle Elite Ventures Inc. holds 6.38% and the remaining 61.48% is held by 19 companies or institutions from the United States, Republic of Korea, India, Malaysia, Philippines, etc. Global Ferronickel Holdings Inc. currently has one operating nickel mine in the Philippines, Cagdianao, with reserves (metal) of 444 300 tons and production (metal) of 76 100 tons.

3.4.2.2 Major foreign mining companies

There are more than 139 major foreign mining companies investing and cooperating in ASEAN, from 12 countries including China, Australia, Brazil, the United States, Canada, Japan,

the United Kingdom and Switzerland, mainly engaged in the mining, smelting and sales of nickel, copper, gold, bauxite, potash and other minerals, including China's Jinchuan Group Co., Ltd., Wanbao Minerals, Tsingshan Holding Group, Brazil's Vale S. A, Freeport-McMoRan Inc. (Freeport-McMoRan Inc.), Japan's Sumitomo Metal Mining Co., Ltd. These large mining companies mainly hold iron (94%), copper (74%), gold (34%), nickel (20%) and other mineral resources in the region.

(1) Jinchuan Group Co., Ltd.

Jinchuan Group Co., Ltd., which carries out cooperation in the development of non-ferrous metal mineral resources in more than 30 countries and regions around the world, mainly produces nickel, copper, cobalt, platinum group precious metals and non-ferrous metal rolled processing products, chemical products, non-ferrous metal chemicals, non-ferrous metal new materials, etc. Jinchuan Group Co., Ltd. owns the world's fifth and Asia's first nickel flash melting furnace; the world's first copper synthesis melting furnace; the world's first oxygen-rich top-blow nickel melting furnace and other internationally leading equipment and technologies. Jinsheng Mining, the holding company of Jinchuan Group Co., Ltd., holds 72.84% of shares of PT Central Omega Resources Tbk., the third largest nickel producer in Indonesia. PT Central Omega Resources Tbk. owns three nickel mining rights in Indonesia, namely Morowali, Lambolo, Konawe. The reserves (metal) are 340 000 tons, 140 900 tons and 134 300 tons respectively, with a ferronickel capacity of 200 000 tons.

(2) Tsingshan Holding Group

Founded in 2003, Qingshan Holding Group has been laying out overseas nickel mines since 2008 and is one of the largest producers of ferronickel in the world. According to CITIC Capital, Qingshan Group has 18% of the global nickel market share in 2020. 2019 sales of ¥262.6 billion, of which 330 000 tons of nickel equivalent sales, the company proceeded to layout the upstream and downstream industries of new energy lithium batteries, joining hands with partners such as China's GEM Co., Ltd., Guangdong Bump, Huayou Cobalt and Japan Hanwha to invest in the construction of laterite nickel ore production of battery-grade chemicals (nickel sulfate crystal) in Indonesia (50 000 tons of nickel per year) and nickel cobalt hydroxide wet process project (60 000 tons of nickel metal per year), to build an internationally competitive nickel resource

manufacturing system for new energy batteries and an advanced power battery raw material manufacturing base in the world. At present, Tsingshan Holding Group holds a nickel mine Weda Bay in Indonesia, with a resource of 9.334 million tons.

(3) Wanbao Minerals Co.

Wanbao Minerals Co. (hereinafter referred to as Wanbao Minerals) was established in 2004, mainly engaged in overseas mineral resources geological exploration, mining, ore processing, smelting, mineral products trading, mining and related industries investment and operation. Wanbao Minerals continues to acquire overseas high-quality mineral resources and owns prospecting and mining rights for copper, copper-cobalt, platinum-palladium and other mines in Southeast Asia and South Central Africa. In the ASEAN region, it focuses on the development of the Monywa Lebetang copper mine in Myanmar and the Monywa Sabithang-Chisungtang copper mine (S & K mine) project in Myanmar. By the end of 2012, Wanbao Minerals had copper resources of 8.92 million tons, cobalt resources of 430 000 tons and platinum resources of 800 tons. 2013, Wanbao Minerals achieved sales revenue of ¥5.1 billion, with sales of 50 000 tons of copper metal and 3500 tons of cobalt metal.

(4) Vale S. A.

Vale S. A. (Brazil) , founded in 1942, is the world's largest producer of iron ore and nickel, as well as manganese, ferroalloys, copper, bauxite, potash, kaolin and cobalt. In ASEAN member states, Vale S. A.'s mining business is mainly nickel, and has established a subsidiary in Indonesia, PT Vale Indonesia Tbk., whose main business is the production and sale of nickel, and is listed in Jakarta, Indonesia (stock market code: INCO) . PT Vale Indonesia Tbk. currently owns three large nickel concessions in Indonesia (valid until December 28 2025) , with a concession area of 118 017 hectares in South Sulawesi (70 566 hectares) , Central Sulawesi (22 699 hectares) and Southeast Sulawesi (24 752 hectares) ; one operating nickel mine, Sorowako, with nickel ore reserves (metal) of 1.90 million tons and production (ore) of 11.55 million tons (source: *PT Vale 2022 Annual Report*) .

(5) Freeport-McMoRan Inc.

Freeport-McMoRan Inc., founded in 1987, is currently the second largest copper miner in the world. Its Grasberg copper and gold mine in Indonesia is the largest copper mine in Asia and

one of the top 10 copper and gold deposits in the world. Since its commissioning, the Grasberg mine has produced an average of over 500 000 tons of copper per year, with a peak year of over 700 000 tons; and an average of over 40 tons of gold per year, with a peak year of nearly 80 tons. The mine's average profit contribution to Freeport exceeds $2 billion, with the highest year exceeding $4 billion. In 2022, the Grasberg reserves of copper (metal) and gold (metal) are 13.97 million tons and 745 tons respectively, and has produced 725 thousand tons copper and 45.3 tons gold.

(6) Sumitomo Metal Mining Co. Ltd. of Japan

Sumitomo Metal Mining Co. Ltd. of Japan is engaged in the mining, smelting and refining of non-ferrous metals and the sale and manufacture of advanced materials. The company owns 26.52% of Asia Nickel Corporation, 75% of Taganito Nickel Refinery and 54% of Coral Bay Nickel Refinery in the Philippines, and 20.09% of Sorowako Nickel Refinery in Indonesia. Sumitomo Metal Mining Co. Ltd. implemented the development of the Taganito project in the Philippines in 2009, and started commercial production in 2013. 5700 tons of electrolytic nickel were produced at the Coral Bay and Taganito nickel refineries in 2018.

(7) Glencore Plc

Swiss-based Glencore Plc, founded in 1974, is one of the world's largest copper producers and marketers, producing 1.05 million tons of copper in 2022. Glencore Plc owns and operates Pasar, the only copper smelter and refinery in the Philippines, with a 78.2% stake. The smelter and refinery is located in the heart of the Philippine Archipelago. From 1983 to 1986, Pasar sourced all of its copper concentrate requirements from local mines in the Philippines; in 1987, as most local mines closed, copper concentrate gradually became an imported source; today, its copper concentrate is supplied by large mines in Australia, Canada, Southeast Asia, Papua New Guinea and South America. Pasar, whose main product is electrolytic copper cathodes, increased its smelter capacity to 720 000 tons per year in early 2006; in May 2007, it completed the conversion from conventional starting sheet electrorefining to the ISA process, thereby increasing the refinery's copper cathode capacity by 215 000 tons per year.

4 ASEAN Mining Investment Environment

4.1 Regional Comprehensive Economic Partner ship agreement brings opportunities and challenges for ASEAN mining development

On November 15, 2020, after 8 years of negotiations, China, Japan, Republic of Korea, Australia, New Zealand and 10 ASEAN member states officially signed the Regional Comprehensive Economic Partnership Agreement (RCEP), indicating that the official establishment of free trade area with the most populations, the largest economic and trade scale, and the most potential, to further promote the integration of the region's industrial and value chains and provide a strong impetus for regional economic. As one of the important pillars of ASEAN economic development, the mining industry will share the dividends of liberalization and facilitation of mining investment and mineral products trade brought by RCEP, ushering in new development opportunities. But it will also face more global competition.

4.1.1 RCEP brings opportunities for ASEAN mining development

4.1.1.1 In terms of mining investment, RCEP participating countries will adopt the negative list approach to make a higher level of open commitments to investment, including in the mining sector, which has greatly improved the policy transparency of all parties and achieved expanded market access for foreign investment

The RCEP "Chapter 10 Investment" covers 4 aspects of investment promotion, investment protection, investment facilitation and liberalization, including national treatment, most-favored-nation treatment, investment treatment, prohibition of performance requirements, transfer, compensation for losses, expropriation, etc., to provide a policy basis for cross-border investment

facilitation. The signing of the RCEP will further expand the advantages of the ASEAN region in mineral resources, labor and land resources, attract enterprises from China, Japan, Republic of Korea, Australia and other countries to invest in mining development in ASEAN member states, and promote the development of ASEAN mining industry.

In countries such as Myanmar, Laos and Cambodia, more and more investment in mining development will effectively promote the degree of geological and mineral exploration, which will help them master their mineral resources and realize the transformation from resource advantages to economic advantages. For Indonesia, Malaysia, the Philippines and other countries where the mining industry is more mature, it will attract the transfer of mining capacity and advanced technology from China, Japan, Australia and other countries, expand the mining industry chain, which contributes to form the aggregation effects of mining industry gathering effect and realize the increase of mining output value.

4.1.1.2 In terms of mineral trade, RCEP promotes free trade and further expands mineral exports of ASEAN member states through regional tariff reductions as well as zero tariffs

It is clearly stipulated in RCEP that arrangements for liberalization of trade in goods are made among 15 participating countries by means of bilateral bids, and more than 90% of the trade in goods in the region will eventually achieve zero tariff after the agreement comes into effect, and the tariff will be reduced to zero immediately and within 10 years, so that the RCEP free trade area (FTA) is expected to fulfill all the commitments on liberalization of trade in goods in a relatively short period of time, reducing the tax cost between RECP participating countries of imported goods, and enabling enterprises of all countries to comprehensively enhance their competitiveness in a fairer tax environment. Then, more and more countries can benefit from the improvement of welfare through trade exchanges.

ASEAN member states such as Indonesia, the Philippines, Laos, and Myanmar are big exporters of mineral products, which mainly are exported to China, Japan, Republic of Korea and other RCEP participating countries. According to resource trade, 91% and 68% ASEAN non-ferrous metals and rare earths exports to China. 80% ASEAN gold exports to Republic of Korea. 45% ASEAN coal exports to China, Japan and Republic of Korea. If the trade of mineral products could achieve zero tariffs, the cost of mineral products imported from ASEAN

member states by China, Japan and Republic of Korea will be significantly reduced, thus further expanding the quantity of mineral products imported from ASEAN member states. The trade of mineral resources within the FTA will be more frequent and the mineral resources market is expected to be further expanded.

4.1.1.3 In terms of rules of origin, the expanded coverage of mineral products of origin in the RCEP FTA will significantly increase the utilization rate of the agreement's preferential tariff rates

The principle of regional accumulation in the region will be put into use by RCEP, so that the value components of the origin of products can be accumulated in one region composed of 15 participating countries, and the value components from any country of RCEP will be taken into account. For example, a certain mineral product, which could not be counted as a country's origin under the previous bilateral FTA rules of origin among members, will probably be recognized as RCEP regional origin and enjoy RCEP preferential tariffs after regional value accumulation. This will help multinational companies to be more flexible in the layout of the mining industry, establish a finer and more perfect division of labor system in the mining industry chain, and reduce the production costs of final mineral products, which will not only help expand mining trade among RCEP members, but also greatly promote the deep integration and development of the regional mining supply chain and value chain.

4.1.1.4 In terms of competition, the competition for mining trade and mining investment in the RCEP FTA will be fairer

The competition policy chapter of RCEP makes detailed provisions on competition legislation, competition enforcement cooperation and consumer rights protection, and sets out a series of specific, clear and binding requirements for the standardization of enforcement. At the same time, RCEP also takes into account the differences in development levels among its members, providing a transition period for Brunei, Cambodia, Laos and Myanmar to carry out domestic legislation and improve their regulatory systems. It also provides for various forms of cooperation in competition enforcement, which is conducive to strengthening exchanges and cooperation in the field of competition policy.

These provisions are important for the parties to cooperate in stopping monopolistic

practices that harm bilateral mining trade and mining investment, creating a favorable mining trade and investment environment, and promoting the liberalization and facilitation of mining trade and investment.

4.1.1.5 In terms of industry chain integration, the mining industry in the RCEP FTA will form a closed loop of good industry chain and promote the deep integration and development of the regional mining supply chain and industry chain

The mining industry in RCEP FTA will form a good closed loop of industry chain. There are advanced mining development technology in China, Japan and Republic of Korea, sufficient labor force and rich natural resources in ASEAN member states. The combination of the location advantages, low logistics costs, and the establishment of a transition guarantee mechanism for less developed members, the future RCEP members will further enhance production links, to promote the deep integration and development of the regional mining supply chain, industry chain, and be embedded in the global mining industry chain.

4.1.2 Challenges of RCEP for ASEAN Mining Development

4.1.2.1 ASEAN local mining enterprises will face fierce competition

RCEP promotes the liberalization and facilitation of mining investment in the FTA, which will promote a large number of foreign mining enterprises to enter ASEAN member states for mining investment. At the same time, the RCEP charter on investment and competition will effectively eliminate the protective policies related to domestic mining enterprises in ASEAN member states, such as restricting foreign companies from holding and developing domestic minerals, restricting profit transfer from mining enterprises, high mining taxation and other policies. The large foreign mining enterprises, which hold a large amount of capital and advanced technology, are at an advantage in competing with the local mining enterprises in ASEAN, which will inevitably lead to the consolidation and optimization of small local mining companies or private mining companies in ASEAN member states. Local mining companies in ASEAN member states need to improve production technology, strengthen and improve management, and continuously improve production and operation efficiency to meet the challenges.

4.1.2.2 ASEAN mining investment environment needs to be further optimized

Firstly, the mining policies of ASEAN member states emphasize the localization of mining

industry. ASEAN member states have formulated corresponding mining policies according to their own conditions to protect the rights and interests of local enterprises, but with the promotion of RCEP, these "localization" policies will, to a certain extent, limit the investment of high-quality foreign enterprises. Secondly, the infrastructure construction of transportation, industrial water supply and power supply in ASEAN region needs to be further strengthened to promote the development of ASEAN mining industry and attract mining investment. The uneven development of ASEAN member states in the construction of infrastructure such as transportation, water and electricity has restricted the development of the mining industry. Since the epidemic, ASEAN member states have accelerated their investment in infrastructure, which is estimated to be $110 billion to $184 billion per year from 2015 to 2030, concentrating on transportation, electricity, etc. Once the China-Laos Railway and Trans-Asian Railway are opened, Laos will become a "power-rich country" and achieve "facility connectivity" among RCEP participating countries, which will greatly reduce the development costs of mineral products and enhance global competitiveness.

4.2 The mining development plan to respond to the new situation ASEAN formulates

Since 2005, ASEAN member states have jointly developed the *ASEAN Mining Cooperation Action Plan* (AMCAP), aiming to contribute to the economic development of ASEAN. In 2021, ASEAN formulated the *ASEAN Mining Cooperation Action Plan 2021-2025* (AMCAP-III Phase 2) to promote regional mining trade and sustainable mining development, to the signing of the RCEP brings opportunities and challenges for the development of ASEAN mining industry and adapts to the new situation of regional mining integration and development.

4.2.1 Connotation of ASEAN Mining Cooperation Action Plan

The *ASEAN Mining Cooperation Action Plan* (AMCAP) is divided into three periods. The three periods are AMCAP-I (2006-2010), AMCAP-II (2011-2015), and AMCAP-III (2016-2025), where AMCAP-III is divided into two phases, the first phase is 2016-2020 (AMCAP-III Phase 1) and the second phase is 2021-2025 (AMCAP-III Phase 2).

4.2.1.1 AMCAP-II is more specific and implementation-oriented than AMCAP-I

The general direction of AMCAP-I and AMCAP-II is the same, including the three areas of "promoting and strengthening mineral trade and investment, promoting environmental and social sustainability in mining, and strengthening institutional and human capacity building in the ASEAN mineral sector". AMCAP-II is more detailed than AMCAP-I in that. Firstly, three fields are further defined and specific implementation contents are clarified. Secondly, detailed action guidelines for each specific implementation are added

4.2.1.2 Compared to AMCAP-I and II, the field of "ASEAN Minerals Database and Information system" has been added in AMCAP-III

The development of "ASEAN Minerals Database and Information System (AMDIS)" is included as one of the key components of the AMCAP-III. This means that starting from AMCAP-III, the development of ASEAN mining industry is gradually moving towards the trend of data and informationization of mining industry. In the original three areas, the focus is on the evolution from more specific activities to sustainable development. AMCAP-III action plan has a broader vision, and injects new knowledge and understanding of mining development.

4.2.1.3 Compared to AMCAP-III Phase 1, a new development concept has been injected in Phase 2

The biggest difference between the two phases of AMCAP-III lies in four aspects. Firstly, it reflects the concept of openness and cooperation to promote ASEAN as a global mining investment destination. Secondly, the mining development has evolved from sustainable development to a commitment to high standards of mining governance and sustainable development at the same time. Thirdly, the industrial structure has expanded from greenfield exploration to the whole mining industry chain and value chain. Fourthly, talent training is more focused on mining governance, green energy, low-carbon resources and other areas of integrated capacity.

4.2.2 AMCAP-III (Phase 2) will promote regional cooperation on mining investment trade and sustainable development

To promote ASEAN as a mineral investment destination in the area of Trade and Investment in Minerals (TIM) program.The AMCAP 2021-2025 promotes investment in domestic and

foreign companies at all stages of the mineral value chain, with a continuous improvement strategy in terms of investor and partner engagement and the provision of high quality information on mineral development in ASEAN. Key provisions include: ① Publishing the consistent statements and objectives of mineral development policy that clarify the current and future importance of the mineral sector to economic, social, environmental and sustainable development, welcoming investment, and committing to high standards of mineral governance and mineral development within the context of sustainable development; ② Identifying the barriers to investment and mineral sustainable development, and assessing the priority, transparency, and consistency of approaches taken to overcome barriers; ③ Collaborating to address barriers to investment and trades, and adopting trade policies and regulations consistent with global leading practices in mineral investment, to promote a stable and attractive environment; ④ Cooperating globally with mining associations and mineral companies, and providing comprehensive, consistent and readily available information on mineral prospects and investment environments of ASEAN member states; ⑤ Promoting the investment of domestic and foreign company in mineral value chain at all stages, starting with greenfield exploration and expanding to develop downstream mineral value chains; ⑥ Encouraging the investment in mineral processing, promoting value-added downstream mineral development, forming regional mineral value chains, expanding the development of new markets for mineral products, and taking advantage of changes in demand for new and traditional commodities and manufactured products, to cope with a mineral-intensive future; ⑦ Developing a range of initiatives to continuously improve policies and provide information on ASEAN's geological and policy outlook; ⑧ Establishing a platform to exchange information, and holding regular forums which will be attended by the business sector and stakeholders in the field of mineral resources within ASEAN member states. During this period, communicating with dialogue partners and people from advanced mining countries to promote investment, adopt advanced approaches, and build governance capacity.

To develop criteria to support the development of a more comprehensive Sustainable Mineral Development (SMD) framework and ASEAN Mining Vision, and design and adopt non-financial incentives, in the field of SMD program. SMD program include: Cooperating

with dialogue partners and relevant international organizations, and adapting the existing SMD framework of other regions, countries and industries, to meet the requirements of ASEAN member states. Enhancing the understanding and support of SMD policies and practices in ASEAN member states, including closing linkages with leading investors across the mineral value chain. Establishing dialogue with ASEAN member states, local governments, mineral investors, NGOs and civil society organizations, and building support for sustainable mineral development policies, objectives, principles and practices. Sharing practical experience in developing incentives to encourage the adoption of SMD with ASEAN member states, and strengthen the cooperation with them at the regional level. Raising the visibility of the ASEAN Minerals Awards, which also could be a regional initiative to recognize SMD's best practices, publishing relative documents to raise their awareness, and exploring opportunities for "additional non-financial incentives to foster corporate citizenship".

More emphasis are placed on talent development in the fields of mining governance, green energy, and low carbon resources in the area of mineral capacity building (CBM) program. CBM program is a long-term strategy for ASEAN member states to advance the development of the mining industry. Firstly, in implementing the long-term strategic framework of ASEAN regional capacity building, it is necessary to obtain high-end intellectual support and human resources, so as to maintain the full implementation of AMCAP and develop appropriate knowledge management platform. Secondly, in the key technologies (including advanced technologies and practices) of mineral value chain and SMD, it is necessary to strengthen networking, collaboration and knowledge exchange involving partners and relevant international organizations on the key technologies, and pay attention to the cultivation and international exchange of talents in the fields of mining governance, development technologies, management applications, green technologies, low-carbon technologies and informatization. Thirdly, in managing and monitoring the effective implementation of AMCAP, it is necessary to strengthen the contact with dialogue partners and international organizations to broaden the sources of funding and technical resources.

To optimize the Information system, ensure effective information and system management, and improve data quality and availability in the ASEAN Minerals Database and Information

System (AMDIS) program area. The hardware and software infrastructure of AMDIS needs to be enhanced and optimized to ensure effective information and systems management. The content and quality of AMDIS need to be enhanced to provide valuable information and mineral industry-specific data to facilitate investment in mineral development, including exploration investment and foreign direct investment in the ASEAN region.

4.3 Major resource countries actively join into international mining governance agreements

The Philippines joins the Energy Resources Governance Initiative. On June 11, 2019, the United States released the Energy Resources Governance Initiative, which aims to promote scientific management of the worldwide mining industry and improve flexible energy minerals supply chains. According to the initiative, Growing demand for renewable energy, electric vehicles and battery storage technologies will lead to increased demand for energy minerals. The resource-rich countries will be engaged in the governance of energy, resources and minerals, and support the development of flexible energy and mineral supply chains to meet anticipated demand for clean energy technologies.

Indonesia, the Philippines and Myanmar join the *Extractive Industries Transparency Initiative* (EITI). The *Extractive Industries Transparency Initiative* (EITI) was launched by the United Kingdom in September 2002 and officially implemented in London on June 17, 2003, to promote a global standard for open and responsible management of public resources (oil, gas and mineral resources) promoting transparency, accountability, and good governance in mining industry management. The EITI currently has 54 member countries, including Indonesia, the Philippines and Myanmar in ASEAN.

4.4 Major resource countries adjust their mining policies to promote mining development

The major resource countries in ASEAN are taking a series of positive measures to promote national economic recovery and social stability. While strengthening the efforts in mineral

resources exploration, development and export of mineral products, more attention should be paid to changing the focus of mining development from exploration and development to deep processing of mineral products, lengthening the mining industry chain and improving the added value of products, so as to achieve the purpose of rapidly boosting economic recovery, increasing central and local tax revenues, creating more employment opportunities and improving the living standards of local people.

Laos government strengthens mineral resource development processes and sets low tax rates to attract foreign investors. In November 2017, Laos enacted the latest revision of the *Lao PDR's Mining Law*. The new mining law defines the ownership of mineral resources and the division of mineral resources. The validity periods of the survey, exploration and mining stage license are 2 years, 3 years and 30 years, respectively. Mining rights are divided into 8 types: Cooperation Explo Mineral Areas, Experimental Mining Projects, Exploration Areas, Feasibility Study Areas, Mining Areas, Prospecting Areas, Provincial Alluvian Areas, and Province Approve Areas. The new mining law also sets a low tax rate for investment in the energy and mining industries, of which the mineral business tax rate is 10%, the profit tax rate is 35%, and the mineral products are not taxed.

Cambodia government strengthens environmental protection standards in the mining sector and tax management in the resource sector. In 2018, Cambodia promulgated the *National Policy on Mineral Resources (2018–2028)* , which proposed that government departments should set environmental standards in the mining sector, strengthen mine safety and security, promote optimal exploitation of mineral resources, and establish legal procedures for mining activities in nature reserves. The Ministry of Energy and Minerals and Ministry of Finance of Cambodia jointly issued a directive on "control and collection of resource tax", which includes resources such as stone, sand and soil. Infrastructure projects include the construction of roads, bridges, irrigation systems and power stations. All developers involved in resource development in Cambodia, whether private companies or government enterprises, are required to obtain a mining license from the Ministry of Energy and Minerals and pay the required taxes. Applications for mining licenses from the Ministry of Energy and Minerals can be approved after 45 days; if purchased from the market, they must be purchased from a company that already has a license. The decree the government created to make taxation in the resource sector more transparent.

Indonesia government bans raw ore exports, strengthens localization of the mining chain, relax mining policies, and optimize the environment for foreign investment in mining. In January 2014, Indonesian government stopped all raw ore exports. In 2017, Indonesia amended its mining bill to allow nickel ore exports, but two conditions must be met, one is that 30% of smelting capacity must be used to process low-grade ore, the other is that the construction of smelting projects must be completed within 5 years and must pass the local government construction progress verification every 6 months. On January 1, 2020, Indonesian government again implemented a ban on the export of raw nickel ore. In May 2020, the Indonesian parliament passed an amendment to the *Minerals Law* that allows miners building smelters to export ore for the next three years, but the government can establish separate regulations to prohibit the export of specific ores. In March 2021, Indonesian government drafted an "end-to-end development plan" for the new energy battery industry, proposing the establishment of a state-owned holding company to build a complete new energy battery industry chain. On September 9, 2021, Indonesian government issued the government regulation No. 96 on minerals and mining operations (abbreviated as "GR 96" or "New Mining Regulation"). This is a major mining regulation issued by the Indonesian government since the release of the *No. 4 Mining Law* in 2009 (abbreviated as "*Mining Law*") and the Amendment of the *Mining Law* in 2020 (abbreviated as "Amendment"). The most important content of GR 96 is to cancel the restriction on the proportion of equity held by foreign investors in the mining industry, and relax the deadline for performance of the divestiture (divestment) obligation of foreign capitals, which further improves the environment for foreign investment in Indonesia's mining market.

Malaysia government attaches importance to environmental protection and is committed to building a whole industry chain of mining. In early 2016, Malaysia announced a ban on all mining activities due to water resources and environmental pollution caused by illegal mining as well as stockpile run-off. In 2019, Malaysia lifted the ban on bauxite mining and announced the implementation of a new operational process for bauxite mining and export in September of the same year, namely "a monthly bauxite export limit of 600 000 tons", which was implemented first in Pahang and gradually introduced to the whole of Malaysia at a later stage. In February 2021, Malaysia adopted the *National Mining Industry Transformation Plan 2020–2030*, which

plans to the mission of the plan is to "develop the mining industry throughout the value chain based on the principles of sustainability", with the goal of balancing the development of the upstream, midstream and downstream of the mining industry through governance and legislation, technology application and innovation, and promoting the formation of a complete value chain in the Malaysian mining system in the next 10 years.

Myanmar government promulgates new mining law with favorable investment environment policies. In December 2015, Myanmar amended the *Mining Law* promulgated on September 4, 1994, and the changes are reflected in ① extending the license period for production permits for large mining projects from 25 to 50 years; ② granting exploration license holders clear rights to production permits; ③ upgrading small and medium-sized mining projects to large projects, allowing foreign and local investors to establish joint ventures; ④ designating production standards for individual production licenses; and ⑤ providing guaranteed production licenses to companies that have conducted geological exploration and completed feasibility reports.

Philippine government lifts opencast mining ban to boost the mining industry. In 2012, the President of the Philippines signed Executive Order 79, which agreed to implement the government's new mining policy by suspending the issuance of mining licenses until Congress could agree on a revenue-sharing plan between the government and mining enterprises. In April 2021, the then President Rodrigo Duterte issued an executive order lifting the moratorium on the issuance of mining licenses, which meant that the door to investment in new mining projects in the Philippines was reopened. Philippine government, through the Department of Environment and Natural Resources (DENR), can now enter into mineral agreements such as Mineral Agreements (MAs), Mineral Production Sharing Agreements (MPSAs), Financial or Technical Assistance Agreements (FTAAs), Co-Production Agreements and Joint Venture Agreements. The Mines and Geosciences Bureau (MGB) of the Philippine Department of Environment and Natural Resources (DENR) issued implementing rules and regulations for Executive Order 130 on August 2, 2021, providing key policy guidelines, such as ① processing applications for mineral agreements from qualified applicants; ② renegotiating existing mineral contracts and agreements to maximize government revenues and production shares; ③ reviewing and recommending appropriate measures to rationalize existing sharing programs and mechanisms; ④ declaring areas covered

by the Minerals Agreement as mineral reservations; and ⑤ strictly enforcing mine safety, environmental, and social development policies. In December 2021, Philippine government lifted a four-year ban on copper, gold and polymetal opencast mining in an effort to boost the mining industry.

4.5 Rapid development of regional infrastructure construction will benefit to mining investment

According to the *"Belt and Road" National Infrastructure Development Index Report* (*2022*), the infrastructure development index of ASEAN is 127 in 2021, which is the highest score among the seven regions of "Belt and Road", showing its strong demand, good development environment, high investment enthusiasm, and cost advantage of infrastructure construction. Indonesia, the Philippines, and Malaysia are the top three countries in the index.

4.5.1 ASEAN multi-nationals increase infrastructure development

Indonesia government plans to prioritize infrastructure development. The infrastructure development index of Indonesia's for 2022 is 131, ranking 1st among the Belt and Road countries, flat from a year earlier.According to the *National Medium Term Development Plan 2020–2024* released by the Indonesian government, infrastructure will be a priority for the current government. Transportation infrastructure has long been the focus of infrastructure investment in Indonesia, and the share of transportation infrastructure output in the total infrastructure industry output has been hovering between 60% and 65%. Indonesia's investment in transportation infrastructure will continue to increase, and its share in total infrastructure output will further increase, with an expected average annual growth rate of 6.6% from 2022 to 2030. In terms of power facility construction, in December 2014, President Joko released a plan to build 35 000 million watts of power projects over the next 5 years to improve domestic power supply and promote rural development. Due to environmental and land acquisition factors, Indonesia's state-owned power company Perusahaan Listrik Negara (PLN) announced that only 10% of the 35 000 million watts target was completed in 2019. In the future, 35 000 million watts of power generation projects will continue to be implemented. The government will actively promote the

optimization of the energy structure and increase the development and utilization of hydropower, geothermal and other renewable energy.

Malaysia government plans to speed up the construction of roads, bridges and railways in less developed areas. The infrastructure development index of Malaysia for 2022 is 127, ranking 3rd among the Belt and Road countries, dropping 1 position from a year earlier. Infrastructure in Malaysia is relatively mature. The government has been vigorously promoting the construction of renewable energy power generation projects. Moreover, transport facilities, especially in less developed areas, the construction of road, bridge, and railway is expected to usher in greater development opportunities. The 12th *Malaysia Plan* was approved by the Malaysian Parliament, which would get a grant of 400 billion ringgit ($90.744 billion), focus on revitalizing economies after the COVID-19, and enhance social welfare, security and inclusiveness as well as environmentally sustainable development, to achieve the goal of a "prosperous, inclusive and sustainable Malaysia". 6 less developed states will benefit from the plan, the infrastructure, developing digital economy, education and health care will be improved.

The Philippines has focused on improving the road network in Luzon, expanding rural roads and promoting a series of railway projects. The infrastructure development index of Philippine for 2022 is 129, ranking 2nd among the Belt and Road countries, rising 1 position from a year earlier. On April 18, 2017, the Philippine government unveiled the "Large and special construction plan" infrastructure development plan at the "Duterte Economics" Forum in Manila. Under the plan, the Philippine government intended to invest 8.4 trillion pesos ($1539.3 billion) in infrastructure development over 6 years from 2017 to 2022, with more than 30 projects covering roads, bridges, airports, railroads, ports, flood control facilities and other areas, with the Philippine Department of Transportation leading the core projects. In order to promote the construction of public transport and critical transport infrastructure, President Marcos stated in his first state of the union address that the new government will still focus on promoting infrastructure development, and continue the "Large and special construction plan" in July 2022. According to the "Six-year Infrastructure Plan" formulated by the Philippine Development Budget Coordinating Committee in 2022, the Philippine government will focus on improving the road network in Luzon, expanding rural roads and promoting a number of railway projects.

4.5.2 Gradual improvement of regional transportation facilities

The international freight volume of China–Laos Railway exceeded 3 million tons. The China–Laos International Railway Corridor (abbreviated as China–Laos Railway) , which connects Kunming, Yunnan Province, China and Vientiane, Laos, was built according to China's National Railway Class I standard and officially opened to traffic on December 3, 2021 (Figure 4.1a) . China–Laos Railway is the first transnational railroad to be invested and constructed by Chinese side, jointly operated and directly connected with China's railroad network, opening up a major transport corridor connecting Laos with China, Thailand and neighboring countries. Since its opening to traffic, the total volume of cross–border trains and freight has been increasing. By March 2023, the total volume of international freight had exceeded 3 million tons. The passenger service of China–Laos Railway began operation on April 13, 2023, which greatly facilitates the people, strongly activates the economy along the route, provides stable and reliable transportation support to promote Laos from a "land–locked country" to a "land–linked country", and contributes to form the new pattern of China–Laos with big logistics, big market and big opening–up.

The track–laying of Jakarta–Bandung High–Speed Railway (HSR) has been completed. The Jakarta–Bandung High–Speed Railway is a signature project of practical cooperation between China and Indonesia. With a total length of 142 kilometers, the rail connects Indonesia's capital Jakarta and its fourth largest city Bandung (Figure 4.1b) . The foundation of the project began in January 2016. The track was laid on March 31, 2023. It was officially opened to traffic in October 2023. As the first high–speed railway in Southeast Asia with a designed speed of 350 kilometers per hour, the railway will cut the journey between Jakarta and Bandung from over 3 hours to around 40 minutes. The opening of the Jakarta–Bandung High–Speed Railway greatly improves local traffic conditions and spurs industrial development along the route, which is of great significance to local economic and social development.

Road traffic is developing rapidly. Starting from Vientiane, the capital of Laos, and ending at the Laos–China border, the China–Laos Expressway has a total length of about 440 kilometers. Wanrong–Vientiane section (abbreviated as "Wan Wan Expressway") of the China–Laos Expressway, with the length of 111 kilometers, was opened to traffic in December, 2020 (Figure 4.1c) . Cambodia's Phnom Penh–Sihanoukville highway started construction on March 2, 2019. There are 39 major road projects in the construction phase in the Philippines currently, estimated

to be worth \$21.8 billion, with the country's road construction sector growing at 10% in 2019. There are 9 highway construction projects totaling 380 kilometers in length in Indonesia in 2020, with a total investment of approximately 142 trillion rupiahs. Highway projects such as Yangon–Mandalay highway upgrade and Yangon elevated highway are planned in Myanmar.

Upgrading of marine port facilities. In 2014, the then Indonesian President Joko proposed a massive plan to upgrade 24 ports by 2020, to establish Indonesia as a maritime hub in the Asia-Pacific region. The expansion project of Port Tanjung Priok has been launched and is expected to increase cargo capacity by 75% to meet demand over the next 5–10 years. Malaysia government plans to significantly expand cargo capacity of Port Kelang (Figure 4.1d) and invest \$430 million to upgrade the Port Tanjong Parapath port. Philippine government has launched a project to upgrade the Port Manila and surrounding facilities. Thailand government plans to upgrade the Port Linchaban. Vietnam government plans to build a new port near coastal defense to serve exports of the electronics industry. Myanmar government plans to build a new port in the Dirawa Special Economic Zone.

a. China–Laos Railway

b. Jakarta–Bandung High–Speed Railway

c. Vientiane to Wanrong section of China–Laos Expressway

d. Port Klang, Malaysia

Figure 4.1 Regional important transportation facilities

5 Current status of China-ASEAN Mining Cooperation

5.1 China-ASEAN mining investment has achieved positive results

At present, ASEAN has become a hot spot for Chinese mining enterprises to invest, with the main investment target countries being Indonesia, Laos, Myanmar, etc. The target minerals include nickel, bauxite, potash, copper, gold, etc. The mining investment in ASEAN region involves 161 Chinese enterprises, 14 of which are central enterprises, 23 are state-owned enterprises and 124 are private enterprises (Figure 5.1); 96 Chinese enterprises are engaged in the exploration and development of 6 mineral species of nickel, copper, gold, tin, bauxite and potash, and another 65 Chinese enterprises are engaged in the exploration and development of iron, gemstones, oil and gas, coal, limestone and other minerals. The development of laterite nickel by Chinese-funded enterprises in Indonesia has formed a world-class supply base.

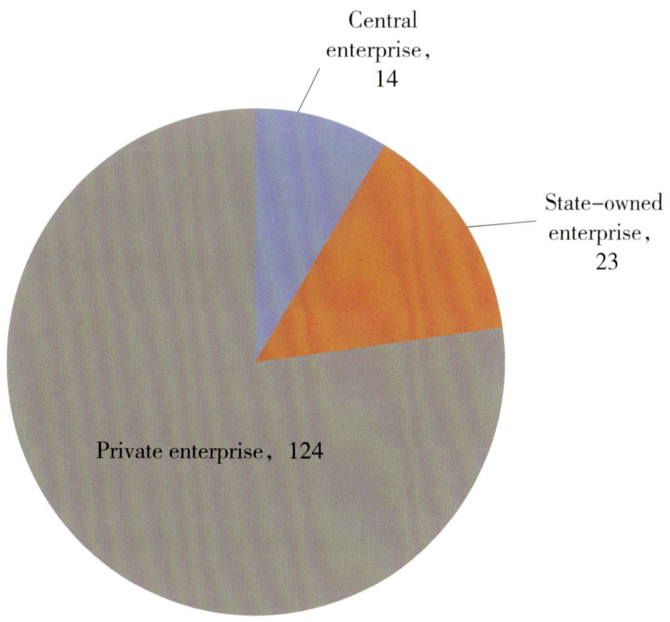

Figure 5.1 Chinese enterprises involved in mining investment in ASEAN region

5.1.1 China-Indonesia Cooperation-Largest nickel industrial park in Indonesia

Tsingshan Holding Group has built two nickel industrial parks in Indonesia.

5.1.1.1 Indonesia Morowali Industrial Park (IMIP)

Located in Morowali regency, Central Sulawesi province, Indonesia, with a total planning area of more than 2000 hectares, IMIP is mainly led by the whole nickel industry chain and radiates to drive the industrial clusters. In October 2013, during the state visit of Chinese President Xi Jinping to Indonesia, President Xi Jinping and then President Susilo witnessed the establishment of Indonesia Tsingshan Park and the signing of the first project in the park in Jakarta. In May 2015, President Joko inspected the park and announced that the first incoming project with an annual capacity of 300 000 tons of ferronickel plant was officially put into operation. At present, the park has built the world's first industrial park integrating mining-ferro-nickel-chromium smelting - stainless steel smelting - hot rolling - cold rolling and downstream deep processing industry chain, with thermal power generation, logistics dock and other supporting facilities, including power plants with a total installed capacity of 2910 million watts, the annual throughput of the dock has reached 35 million tons, ferronickel capacity of 2 million tons, ferrochrome capacity of 1 million tons, steelmaking capacity of 3 million tons, and hot rolling capacity of 3 million tons. In October 2019, the first employee travel plane landed at the airport of Tsingshan Park, accompanied by the opening of several airlines, which greatly shortened the time to and from the park.

5.1.1.2 Indonesia Weda Bay Industrial Park (IWIP)

Located in Halmahera Island, North Maluku Province, Indonesia, covering an area of 2 300 hectares, IWIP is the second industrial park built by Tsingshan Holdings Group in Indonesia after Morowali Industrial Park. In June 2017, Tsingshan Holdings Group signed a cooperation agreement with France's Ehrman Group to jointly develop the Weda Bay nickel mine on Halmahera Island. The project has world-class nickel resources and the first phase of the park includes 12 pyro-process (RKEF) nickel production lines and one wet-process (HPAL) nickel smelting plant. The annual production capacity of the park is about 100 000 tons of nickel, and the nickel enterprises that have been put into production

include Weda Bay nickel Limited Company (annual production capacity of 30 000 tons of nickel metal), Yashi Indonesia Investment Limited Company (annual production capacity of 35 000 tons of nickel metal) and Youshan Nickel Indonesia Limited Company (annual production capacity of 34 000 tons of nickel metal). The park is also equipped with thermal power generating units and one 75 000-ton wharf and three 50 000-ton wharves, focusing on building an industrial cluster led by the ferronickel industrial chain.

5.1.2 China-Indonesia Cooperation-Indonesia alumina project

Well Harvest Winning, a non-wholly owned subsidiary of China Hongqiao Group Limited, owns one of the only two alumina plants in Indonesia today. China Hongqiao Group, PT Cita Mineral Investindo Tbk. and Well Harvest Winning invested $1 billion in the project, with 61%, 30% and 9% of the shares respectively. The project is planned to build an alumina production line with an annual capacity of 2 million tons, and to construct power plants, terminals and other supporting facilities simultaneously. The first phase of the project with an annual output of 1 million tons was completed and put into operation in 2016. The second phase of the alumina plant with an annual output of 1 million tons is currently under construction.

5.1.3 China-Laos Cooperation-Lao potash project

5.1.3.1 Potash project of Asia-Potash

In 2006, China Agri International Potash Co., Ltd. (Asia-Potash) started the exploration and development of the Nongbo Potash Mine in Khammouan Province, Laos, and was granted a 35 square kilometer mining license for the Dongtai Mine in March 2009. In November 2011, the 100 000-ton potassium salt project in Laos completed the industrialization of process optimization and technical reform, and officially turned into the industrialized production stage. At present, Asia-Potash has acquired 263.3 square kilometers of potash mineral rights in Khammouan Province, Laos, with a converted potassium chloride resource of over 1 billion tons. In March 2022, the company's first one-million-ton conversion and expansion project in Laos reached production; in January 2023, the company's 2 million ton potash project was successfully commissioned, becoming the first 2 million ton potash project outside of China and the largest potash project in Southeast Asia. In March 2023, China Agri International Potash and

the Lao government signed a memorandum of understanding in Vientiane on the project of "A Potash International Intelligent Recycling Industrial Park in Khammouan Province", reaching a consensus on promoting the construction and development of the industrial park. The industrial park is divided into three parts: potash industrial park, non-potash industrial park and Asia Potash town, with an estimated total investment scale of $4.31 billion. After the project is put into operation, it is expected to bring about $320 million in revenue to Laos every year.

5.1.3.2 Potash project of Lao Kaiyuan Mining Co., Ltd.

Lao Kaiyuan Mining Co., Ltd. was established in 2009 and acquired 195 square kilometers of potash prospecting rights in the Khammouan area of Laos. In 2011, the first phase of the 500 000-ton capacity project was officially started. In March 2014, the construction works of mine engineering and ground processing plant were fully completed, and the whole system was put into production; in August of the same year, the first shipment of Lao Kaiyuan overseas self-produced potash arrived at the Chinese port, which was highly recognized by the Chinese and Lao governments. At present, the project's potassium chloride output is stable at about 480 000 tons, and the products are mainly sold to China, India and Southeast Asian countries such as Vietnam, Thailand, Malaysia and Singapore. The project is currently under construction for the second phase of the 1 million ton capacity project.

The above two projects are currently the only two of overseas potash projects in China that have formed sustainable production capacity, achieving good economic benefits, greatly enhancing the employment level of local residents and providing important support for the economic and social development of Laos.

5.1.4 China-Myanmar Cooperation-Asia's largest wet smelting copper project

The Monywa Copper Project in Myanmar is located in Monywa Township in the southern part of Sagaing Division in the northwestern part of the Union of Myanmar, 120 kilometers from Mandalay, the second largest city in Myanmar. The project, with a total investment of $1.6 billion, is a major project under the "Belt and Road" construction and a key project of China-Myanmar cooperation, and is also the largest wet copper mining project in Asia. The project is jointly constructed by China Wanbao Company and the Myanmar government, and

is divided into the Letpadaungtaung, Sabetaung and Kyesintaung mine sections. The Monywa Letpadaungtaung section in Myanmar holds a copper resource of 5.4 million tons, and the development agreement was signed in 2010 in the presence of the Prime Ministers of the Chinese and Myanmar governments. The project adopts open-pit mining, bioheap leaching, extraction and electrowinning processes, with a total project investment of $1.09 billion and a designed annual production capacity of 100 000 tons of copper cathodes, which was put into operation in March 2016 and reached production in 2018. Myanmar Monywa Sabetaung and Kyesintaung sections hold copper resources of 1.43 million tons. In April 2011, in the presence of the leaders of China and Myanmar, the company and the Myanmar side formally signed a cooperative development agreement. At the end of 2014, the new extraction electrowinning plant was put into operation and the copper cathode capacity was expanded to 50 000 tons per year. The total investment of the project is $460 million, and it entered into steady production in 2016.

5.1.5 China-Myanmar Cooperation-the only one lateritic nickel project in Myanmar

The Dagon Hill Nickel Project in Myanmar, located in Mandalay Division, is an important cooperation project between China and Myanmar in the field of mining, and is the only laterite nickel project in Myanmar at present. In July 2004, with the presence of the Prime Ministers of China and Myanmar, China Nonferrous Metal Mining Group and the Third Mining Company of the Ministry of Mines of Myanmar signed an agreement on the exploration and feasibility study of the Dagon Hill Nickel Project in Myanmar. The project started construction in 2009 and was officially put into use in March 2011. With a total investment of over $820 million, the project covers an area of 2200 hectares with a nickel resource of 700 000 tons at an average grade of 1.9%, integrating mining and smelting with a capacity of 85 000 tons per year of ferronickel.

5.2 Chinese mining enterprises fulfill their social responsibilities

5.2.1 Chinese mining enterprises help local development

Wanbao Company (Myanmar) has won praise for fulfilling its social responsibility. According to the contract signed between Wanbao Company (Myanmar) and Myanmar,

during the construction period of the Monywa Copper Mine project, Wanbao Company (Myanmar) will invest $1 million per year in corporate social responsibility and community support projects. After the project is put into operation, the company spends 2% of its net profit every year for public welfare. The company adheres to the principle of "joint business, joint construction and sharing", and works with local people and communities for mutual benefit and harmony, opening chicken farms, mineral water plants, brick plants, PE pipe plants and other small and medium-sized projects for local people, actively fulfilling its social responsibility and winning praise. In April 2019, Wanbao Company (Myanmar) and Yunnan Minzu University cooperated to build Lancang-Mekong International Vocational Institute (Myanmar Wanbao Branch), responding to the call of the Myanmar government to strengthen vocational skills training, which will train more talents urgently needed by the society in Myanmar.

Tsingshan Holdings Group emphasizes ecological protection and energy conservation, emission reduction to help community development. The industrial parks invested by Tsingshan Holdings Group in Indonesia, such as Tsingshan Industrial Park and IMIP, not only promote local economic development and increase tax revenue and provide jobs, but also actively practice corporate social responsibility through gifts, electricity delivery, donations, schooling and medical assistance, etc., to achieve mutual benefits and win-win situation. Tsingshan Park contributes more than $200 million to local tax revenue each year, creating more than 36 000 direct jobs and more than 60 000 indirect jobs for the local community. At the same time, Tsingshan Holdings Group actively participates in the construction of local hospitals, schools and other infrastructure, and provides training activities in mining, textile and breeding; actively implements reclamation and greening of mining areas, builds local awareness of environmental protection, participates in local tree planting activities, and contributes to the protection of local ecology. Tsingshan Holdings Group has pioneered a new model of building a plant on site at the mine site, saving the equivalent of 950 million kilowatt hours of power generation in marine energy consumption each year and achieving maximum energy saving and emission reduction while producing and operating. Tsingshan Holdings Group pioneered the world's first RKEF-AOD full heat feeding integrated stainless steel production line, which not only reduces energy

consumption, but also alleviates the impact of various emissions on the environment, changes the traditional mode of stainless steel production, achieves a historic breakthrough in the integrated production of nickel-iron and stainless steel, and setting a benchmark for energy saving and emission reduction in global stainless steel smelting.

Chifeng Jilong Gold Mining Co., Ltd. focuses on poverty alleviation and heritage protection, and helps local communities develop in all aspects. Since starting operations in 2003, Chifeng Gold's Laos Sepon copper-gold mine has brought hundreds of millions of dollars in indirect benefits to the socio-economic development of Laos through the provision of employment, training and local business projects. Chifeng Gold has established a community trust fund, with a cumulative investment of over \$13 million to support 583 projects, including building schools, hospitals, clinics, procuring medical supplies, improving sanitation and water supply facilities, building roads, latrines and promoting agricultural production through projects such as irrigation development. Chifeng Gold has established a Vulnerable Group Assistance Fund in the area and has invested over \$3.2 million to benefit 47 communities near the Sepon mine by providing participatory programs that allow local villagers to choose, implement and own their livelihood projects. Through special collaborative projects with the Ministry of Information, Culture and Tourism of Laos, the National University of Laos, and James Cook University in Australia, a cumulative investment of over \$1.5 million has been made in national archaeological research and cultural heritage conservation in Laos. Chifeng Gold has invested a cumulative total of over \$54 million in unexploded ordnance clearance, clearing over 5700 hectares of land and destroying over 58 500 pieces of unexploded ordnance, effectively securing the site and also protecting the safety of local residents.

Asia-Potash focuses on green and smart mine development, helps local economic and livelihood development. Asia Potash insists on the concept of "green mine" development. During the development of the potash project in Laos, it has insisted on implementing the HSE (Health, Safety and Environment) trinity management system to ensure the long-term safe, environmentally friendly and smooth production and operation of the plant. On this basis, Asia Potash has carried out a series of social actions that are beneficial to the local economic development and people's livelihood, including helping the surrounding villages to build schools,

pave roads and bridges, improve water quality, create local employment opportunities, strengthen China-Lao integration and improve the life of employees, etc. It is committed to building the potash base in Laos into a beautiful "garden factory" and a "happy home" for Chinese and Lao employees. This has been highly praised by the local government of Laos.

Jiangsu Delong Nickel Co., Ltd. attaches importance to public welfare and shows its corporate responsibility. In September 2022, in north Morowali county, Sulawesi island, Indonesia, the Dragon Bridge was completed, which was built in Delong Industrial Park led by Jiangsu Delong Nickel Co., Ltd. with an investment of about ¥15 million, shortening the commuting time of nearby villagers from 2 hours to 20 minutes. This bridge is called "Reunion Bridge" by local people. Delong Industrial Park has set up a fund and donated materials worth more than ¥30 million in total for the floods in Kendari, the 7.4 magnitude earthquake in Barru, and the fight against COVID-19 in Indonesia. Delong Nickel Group attaches importance to public welfare and gives back to Indonesian society with practical actions to deliver warmth and love.

In recent years, with the deepening of economic and trade cooperation between China and ASEAN member states, more and more Chinese-funded enterprises have come to ASEAN to develop their business. In the process of achieving their own development, these enterprises actively practice social responsibility, joining hands to fight against epidemics, serve communities, provide disaster relief and rescue, sponsor students, help the poor and the weak. These pragmatic initiatives have brought Chinese enterprises and local people closer to each other as neighbors.

5.2.2 Chinese mining enterprises support local fight against COVID-19

In early 2020, the global outbreak of COVID-19, Chinese mining enterprises in ASEAN member states have reached out to local governments and people to work together to fight the epidemic. Tsingshan Holdings Group, together with Huayou Cobalt, GEM Co., Ltd., Zhenshi Holdings Group and Brunp Recycling, donated anti-epidemic materials worth ¥8.86 million to the Indonesian government through the Tsingshan Charity Foundation, including protective clothing, goggles, masks and gloves. China Agri International Potash donated a total of LAK $4 billion worth of prevention materials to the Lao Epidemic Prevention Special Committee,

the China–Lao Friendship Association, and the Khammouan Provincial Epidemic Prevention Task Force, respectively. Jinchuan Group delivered 100 000 protective masks and 100 sets of protective clothing to Maluku Province, Indonesia. Huayou Cobalt donated 1000 sets of medical oxygen generators to the Ministry of Marine Affairs and Investment of Indonesia through the Tsingshan Charity Foundation, with a total material value of ¥2.95 million. In order to ensure the supply of oxygen to the front line of epidemic fighting, Delong Industrial Park led by Delong Nickel Group donated more than 600 tons of oxygen to all walks of life in Indonesia, 1200 sets of 10 oxygen machines and a large number of disposable masks, testing kits, temperature guns and other epidemic prevention materials and necessities.

Adhering to the concept of solidarity and global life community in the face of the epidemic, Chinese mining enterprises donated a large amount of epidemic prevention materials to ASEAN member states, reflecting corporate social responsibility and Chinese friendship.

6 Outlook of China-ASEAN Mining Cooperation

6.1 China-ASEAN mining development welcomes new opportunities, driving regional mining economy into a new stage

With the development of China-ASEAN economic integration, the mining industry, as an important industry for ASEAN economic development, will continue to play a powerful engine to promote the transformation and development of ASEAN industrialization, and opportunities for cooperation in the mining sector will continue to emerge. First, ASEAN is rich in nickel, tin, bauxite, rare earths and other mineral resources, which provides a solid resource base for regional mining development. Second, the official operation of RCEP brings the dividends of liberalization and facilitation of mining investment and mineral trade, which promotes the deep integration of regional mining supply chain and value chain, and promotes the integrated development of regional mining industry. Third, the AMCAP-III Phase 2 provides top-level design for sustainable development of ASEAN mining industry, formulates a more comprehensive framework and development vision for sustainable mineral development, and lays a good policy foundation for international mining investment cooperation. Fourth, the major resource countries in ASEAN promote the development of their mining industries and economic recovery by deregulating the mining industry and attracting international investment. Fifth, ASEAN member states have improved their infrastructure, and China-ASEAN infrastructure interconnection has improved significantly. Seizing new opportunities for ASEAN mining cooperation will build a new pattern of ASEAN investment and trade interconnection and drive the ASEAN mining economy into a new stage of development.

6.2 The world is undergoing changes unseen in a century, and China–ASEAN Mining Development Community with a shared future is gradually forming

At present, the world is undergoing changes unseen in a century, and the global political and economic landscape is witnessing profound changes. The mineral resources industry and the supply and demand pattern are accelerating reshaping, and the global mining industry is facing unprecedented challenges and opportunities. China and ASEAN member states are strengthening strategic planning docking, and will build a higher level of China–ASEAN mining partnership, with peace and cooperation, openness and tolerance, mutual learning and mutual benefit as the core. First, ASOMM+3, China–ASEAN Mining Cooperation Forum and other platforms continue to promote mining policy dialogue between China and ASEAN mining authorities, enhance communication on development strategies, promote the signing and implementation of bilateral and multilateral cooperation framework agreements, and provide policy support for international mining cooperation. Second, China–ASEAN Geoscience Cooperation Center continues to promote multilateral/bilateral cooperation between China and ASEAN member states in geoscience research, geological survey, mining investment and talent capacity–building, to solve major issues of common concern, and to promote the improvement of cooperation platform for geology and mining. Third, RCEP promote liberalization of mineral trade, elimination of trade barriers, reduction of transaction costs, optimization of business environment, and formation of an open and stable international mineral market. Fourth, Infrastructure construction cooperation continues to deepen, the planning of Trans–Asian Railway has been gradually realized, and some cooperation projects for the construction of high–speed railways, sea ports, highways, hydropower stations are being implemented to support the development of regional mining industry.

6.3 Localization of mining industry is accelerating, and China–ASEAN cooperation on mining industry chain is strengthening

The development of whole industry chain is the inevitable trend of ASEAN mining industry. ASEAN member states are paying more attention to transforming the mining development from

exploration and development to deep processing of mineral products, lengthening the mining industry chain and increasing the added value of products, to promote resource advantages into industrial advantages. First, cooperation in mineral prospecting and exploration between China and ASEAN member states has been continuously strengthened, focusing on nickel, tin, potash, bauxite, copper, gold and other preponderant minerals, research on mineralization of key mineralization zones has been carried out, to strive to achieve new discoveries of mineralization, and to provide resource basis for ASEAN mining development. Second, China-ASEAN mining industry alliance is expected to be established, and the construction of China-ASEAN Geoscience Information Big Data Platform is steadily advancing, which will effectively promote China-ASEAN mining information sharing and industrial coordination, and jointly promote international mining capacity cooperation. Third, China and ASEAN member states have cooperated to establish industrial parks to promote the development of mining industry chain. For example, China-Indonesia Morowali Industrial Park and Weda Bay Industrial Park have become global supply bases for laterite nickel, which effectively promoted the development of Indonesia's new energy battery industry.

6.4 Mining enterprises practice ESG development concept and strengthen the management of mining industry

In recent years, ESG (Environmental, Social Responsibility and Corporate Governance) has been adopted by the international capital market as an important assessment indicator for corporate sustainability, and is gradually becoming a key element and constant theme for the sustainable development of the mining industry, forming a "second wheel drive" alongside with resource volume. With the deepening of Chin-ASEAN a mining cooperation, mining enterprises have to practice ESG development concept to adapt to the international sustainable development wave. First, mining enterprises are carrying out research on ESG standards in the mining industry, promoting the construction of a regional mining industry ESG rating system, and hoping to form a unified framework of ESG information disclosure standards. Second, China and ASEAN member states will balance economic value and environmental benefits in the process of mineral resource development, establish an environmental management system for mining development, and take natural factors such as water, land, energy, and ecosystems as

elements of environmental management. Third, mining enterprises will enhance corporate social responsibility, focus on employee health and safety management, address employee demands, create local employment opportunity in various ways, and fully integrate into local economic and social development. Fourth, mining enterprises will promote the deep integration of ESG factors with corporate strategies, develop a complete ESG policy system, and emphasize the standardization and orderliness of corporate governance.

6.5 The green and low-carbon model of mining cooperation and development needs to be constructed to realize sustainable development and utilization of mineral resources

As the low-carbon revolution continues to advance, the China-ASEAN mining industry has put forward higher requirements on industrial structure, mineral development technology and green low-carbon policy system, in order to achieve the green and low-carbon goals. First, China and ASEAN member states need to jointly formulate policies and establish a cooperative development mechanism to promote the mining industry to reduce emissions, continuously improving the environmental management system for mining development. Second, through technological innovation, optimize the process, eliminate backward production capacity, technology and techniques, reduce energy consumption of resource development, encourage the research and development and promotion of energy-saving equipment and technology, and reduce carbon emissions in the process of mineral extraction, processing and metallurgy. Third, through mine environmental management and ecological restoration, to achieve minimal environmental disturbance and ecological reengineering optimization. Fourth, establishing a coordinated development mechanism for carbon reduction, pollution control, greening and growth of the mining industry. advance the cooperation in clean energy development and emerging mineral exploitation, strengthen the development and utilization of clean energy sources such as geothermal, natural gas hydrates and dry heat rock, and leverage the advantages of ASEAN countries in mineral resources like nickel and cobalt, develop the new energy vehicle industry vigorously. Fifth, use the carbon trading market or carbon emission trading market mechanism to control and reduce greenhouse gas emissions and promote the green and low-carbon transformation of economic development.

Major References

I. Statistical data and annual reports of authoritative institution

Academy of International Trade and Economic Cooperation, Ministry of Commerce, PR China. 2023. Guidelines on Foreign Investment Cooperation by countries (regions) . https://user.mofcom.gov.cn/.

ASEAN Secretariat. 2023. *Asean Statistical Yearbook 2022*: ASEAN Investment Report 2022. https://www.aseanstats.org/category/yearbook/.

China Geological Survey. 2023. *Assessment Report for Mineral Reserves in the World 2023*. https://www.cgs.gov.cn/xwl/ddyw/202307/t20230708_738269.html.

U.S. Geological Survey. Commodity Statistics and Information. https://www.usgs. gov/programs/mineral-resources-program/science/mineral-commodity-statistics-and-information.

U.S. Geological Survey National Minerals Information Center. *Minerals Yearbook-Metals and Minerals*. https://www.usgs.gov/centers/national-minerals-information-center/minerals-yearbook-metals-and-minerals.

World Bureau of Metal Statistics. *World Metal Statistics Yearbook 2022*. https://www.world-bureau.com/index.html.

S & P Mining Database. https://www.snl.com.

Wind database. https://www.wind.com.cn.

II. Literature

Chen Y Q, Liu J L, Feng Q L, et al., 2010. *Geology and ore deposits Associated with granites in Indo-China Peninsula of Southeastern Asia* [M]. Beijing: Geological Publishing House, 1-213 (in Chinese) .

Deng J, Wang Q F, Li G J, et al., 2014. Tethys tectonic evolution and its bearing on the distribution of important mineral deposits in the Sanjiang region, SW China [J]. Gondwana Research, 26 (2) : 419–437.

Guo L N, Liu S S, Nie F, et al., 2022. Paleo–Tethys tectonic–magmatic evolution and gold–copper metallogenesis in Luang Prabang (Laos) –Loei (Thailand) metallogenic belt [J]. Sedimentary Geology and Tethyan Geology, 42 (2) : 228–241. (in Chinese with English abstract) .

Hall R. 2011. Australia–SE Asia collision: Plate tectonics and crustal flow [J]. Geological Society London Special Publications, 355 (1) : 75–109.

Hall R, Spakman W., 2015. Mantle structure and tectonic history of SE Asia [J]. Tectonophysics, 658: 14–45.

Khin Zaw, Meffre S, Lai C K, et al., 2014. Tectonics and metallogeny of mainland Southeast Asia–A review and contribution [J]. Gondwana Research, 26: 5–30.

Liu S S, Yang Y F, Guo L N, et al; 2018. Tectonic characteristics and metallogeny in Southeast Asia [J]. Geology in China, 45: 863–889. (in Chinese with English abstract) .

Metcalfe I. 2013. Gondwana dispersion and Asian accretion: Tectonic and palaeogeographic evolution of eastern Tethys [J]. Journal of Asian Earth Sciences, 66: 1–33.

Qian X, Feng Q L, Wang Y J, et al., 2016. Geochronological and geochemical constraints on the mafic rocks along the Luang Prabang zone: Carboniferous back–arc setting in northwest Laos [J]. Lithos, 245: 60–75.

Shi M F, Khin Zaw, Liu S S, et al., 2021. Geochronology and petrogenesis of Carboniferous and Triassic volcanic rocks in NW Laos: Implications for the tectonic evolution of the Loei Fold Belt [J]. Journal of Asian Earth Sciences, 208 (71) :104661.

Wang Y J, Qian X, Cawood P A, et al., 2018. Closure of the East Paleotethyan Ocean and amalgamation of the Eastern Cimmerian and Southeast Asia continental fragments [J]. Earth Science Reviews, 186: 195–230.

Epilogue

China and ASEAN are geographically close and culturally connected. Since the establishment of China-ASEAN dialogue relations in 1991, bilateral relations have steadily developed. In 2010, the China-ASEAN Free Trade Area (CAFTA) was officially launched. On November 15, 2020, the world's largest free trade agreement, the Regional Comprehensive Economic Partnership (RCEP), which includes the 10 ASEAN member states and China, Japan, Republic of Korea, Australia, and New Zealand, was officially reached. On November 22, 2021, Chinese President Xi Jinping and leaders of ASEAN member states officially announced the establishment of a comprehensive strategic partnership at the Special Summit to Commemorate the 30th Anniversary of China-ASEAN Dialogue Relations, which greatly enhanced China-ASEAN relations. In recent years, ASEAN has experienced rapid economic development and is the largest trading partner with China. Mining is an important industry for the economic development of ASEAN, and it is also an important field for ASEAN mining to attract foreign direct investment. More than 100 Chinese funded enterprises have conducted mineral resource investment cooperation in ASEAN member states, and China-ASEAN mining cooperation is becoming increasingly close. Research on China-ASEAN mining cooperation and development is of great significance.

Under the guidance of the China Geological Survey (CGS), Ministry of Natural Resources, P. R. China, this study was jointly completed by the China-ASEAN Geoscience Cooperation Center, the International Mining Research Center of CGS, and the Chengdu Center of CGS. On the basis of field research and data sorting in recent years, the research team further collected information through government departments and industry institutions, conducted data analysis and book writing, and absorbed opinions and suggestions from experts from various professional and regional research institutes of the International Mining Research Center of CGS, ultimately completing this book.

This book is divided into 6 chapters: ASEAN economic development status, overview of mineral resources of ASEAN, ASEAN mining development, ASEAN mining Investment environment, current status of China-ASEAN mining cooperation, and outlook of China-ASEAN mining cooperation. During the writing process of this book, we received strong guidance and assistance from leaders of the Department of Science, Technology and Foreign Affairs of CGS, the Development Research Center of CGS, the Global Mineral Resources Strategy Research Center of CGS, and the China Mining Press of CGS. We organized multiple discussions and promoted the writing work. We appreciate the experts including Xia Peng, Li Jun, Li Jianxing, Ren Shoumai, Zou Xiehua, Wang Gaoshang, Li Jianwu, Zhu Qing, Ren Junping, Zhou Yongheng, Ma Zhongping, Wang Tiangang, Hu Peng, Wei Qifeng, Wang Haiyuan, and Kang Xu, who provided valuable suggestions for the compilation of this book.

All data in this book are sourced from official institutions, including China's the Ministry of Natural Resources, China Geological Survey, research institutes of the International Mining Research Center of CGS, and official websites of statistical departments and geological and mineral authorities from relative governments, the World Bank, International Monetary Fund, World Bureau of Metals Statistics, S & P Global Market Finance, Resource Trade database, Statista Global Statistical Database, Wind database, and other government agencies, international organizations, industry associations, data think tanks, enterprises, etc. The data is as of the end of September 2023. Due to constraints on length, the individual sources of the data are not listed. We appreciate your understanding.

This book is the first research achievement on China-ASEAN mining cooperation and development released by a Chinese research institution. The content only represents the views of the research institution, and the relevant data and conclusions are for reference only and do not constitute any investment or decision-making suggestions. Please criticize and correct if you find any shortcomings.

Editorial Board

December 2023